DE KUNST VAN KOREAANS-AMERIKAANSE KOKEN

100 TRADITIONELE KOREAANSE RECEPTEN MET EEN MODERN AMERIKAANS TINTJE

Dana Janssen

Alle rechten voorbehouden.

Vrijwaring

De informatie in dit eBook is bedoeld als een uitgebreide verzameling strategieën die door de auteur van dit eBook zijn onderzocht. Samenvattingen, strategieën, tips en trucs zijn uitsluitend aanbevelingen van de auteur, en het lezen van dit eBook garandeert niet dat uw resultaten de bevindingen van de auteur nauwkeurig zullen weergeven. De auteur van het eBook heeft alle redelijke inspanningen geleverd om actuele en nauwkeurige informatie aan de lezers van het eBook te verstrekken. De auteur en zijn bijdragers kunnen niet verantwoordelijk worden gehouden voor eventuele onbedoelde fouten of weglatingen die worden aangetroffen. Het materiaal in het eBook kan informatie van derden bevatten. Materialen van derden bevatten meningen van hun eigenaren.

Op het eBook rust copyright © 2024, alle rechten voorbehouden. Het is illegaal om geheel of gedeeltelijk herdistribueren, kopiëren of afgeleide werken van dit eBook te maken. Niets uit dit rapport mag in welke vorm dan ook worden gereproduceerd of verspreid zonder de uitdrukkelijke en ondertekende schriftelijke toestemming van de auteur.

INHOUDSOPGAVE

INHOUDSOPGAVE 3
INVOERING 8
SOEPEN 9
   1. Koreaans-Amerikaanse Tahoesoep 10
   2. Koreaans-Amerikaanse zeewiersoep 12
   Voorbereidingstijd: 15 minuten 13
   3. Garnalen Rijstsoep 14
   Voorbereidingstijd: 120 minuten 15
   4. Gedroogde Kabeljauwsoep 16
   5. Rundvleesborst en penssoep 19
   Voorbereidingstijd: 120 minuten 20
   6. Sojaspruitensoep 21
   7. Kip- en Ginsengsoep 23
   Bereidingstijd: 20 minuten 24
   8. Rijst- en Rundvleesnoedelsoep 25
   Voorbereidingstijd: 30 minuten 26
   9. Koreaans-Amerikaanse mesgesneden noedelsoep 27
   10. Varkensneksoep 29
   Voorbereidingstijd: 120 minuten 30
HOOFDGERECHT **32**
   11. Gyeranbap met geroosterd zeewier 33
   12. Rundvlees Bulgogi 35
   13. Koreaans-Amerikaanse BBQ Short Ribs 37
   Voorbereidingstijd: 15 minuten 38
   14. Koreaans-Amerikaanse kip 39
   Bereidingstijd: 45 minuten 40
   15. Koreaans-Amerikaanse steak 41
   16. Chap Chee-noedels 43

17. Koreaans-Amerikaans pittig gemarineerd varkensvlees...................................46

Bereidingstijd: 45 minuten...47

18. Koreaans-Amerikaanse gemarineerde flanksteak..48

Voorbereidingstijd: 15 minuten...49

19. Zoete gegrilde lamskoteletjes met kruiden..50

Voorbereidingstijd: 15 minuten...51

20. Koreaans-Amerikaanse gebraden kippendijen..52

Bereidingstijd: 10 minuten...53

21. Pittige Koreaans-Amerikaanse kip en aardappel..54

Voorbereidingstijd: 15 minuten...55

NOEDELS...56

22. Mungbonen-noedelsalade..57

Voorbereidingstijd: 15 minuten...58

23. Roerbak zoete aardappelvermicelli en rundvlees..60

Voorbereidingstijd: 15 minuten...61

24. Pittige koude noedels..63

Voorbereidingstijd: 15 minuten...64

25. Noedels met Zwarte Bonensaus..65

Voorbereidingstijd: 30 minuten...66

26. Koreaans-Amerikaanse kipnoedelkom..68

Voorbereidingstijd: 30 minuten...69

27. Pittige Noedels Met Ei En Komkommer..71

Bereidingstijd: 10 minuten...72

28. Koreaans-Amerikaanse koude noedels...73

Voorbereidingstijd: 15 minuten...74

29. Pittige Koreaans-Amerikaanse slakkensalade..75

Bereidingstijd: 20 minuten...76

30. Pittige Soba-noedels..78

Voorbereidingstijd: minuten..79

31. Koreaans-Amerikaanse noedels met groenten..81

Voorbereidingstijd: 15 minuten...82

STRAATVOEDSEL EN SNACKS..83

    32. Hotteok met Groenten en Noedels..84

    Voorbereidingstijd: 30 minuten..85

    33. Eierbrood...87

    Bereidingstijd: 10 minuten..88

    34. Warme en Pittige Rijstcake...89

    Bereidingstijd: 10 minuten..90

    35. Koreaans-Amerikaanse zeevruchtenpannenkoeken....................91

    Voorbereidingstijd: 15 minuten..92

    36. Veganistische Bulgogi-sandwich...94

    Bereidingstijd: 20 minuten..95

    37. Koreaans-Amerikaanse spek- en eiercake.....................................97

    Bereidingstijd: 25 minuten..98

    38. Koreaans-Amerikaanse curryrijst..100

    Bereidingstijd: 20 minuten..101

    39. Zebra-loempia..102

    Voorbereidingstijd: minuten..103

    40. Koreaans-Amerikaanse walnoottaarten met fornuis..................104

    41. Straat Toast Sandwich..106

    Voorbereidingstijd: 15 minuten..107

    42. Gefrituurde Groenten..109

    Voorbereidingstijd: minuten..110

DESSERTS..112

    43. Zoete Koreaans-Amerikaanse pannenkoeken..............................113

    Bereidingstijd: 25 minuten..114

    44. Koreaans-Amerikaanse honinggepocheerde peren....................116

    45. Koreaans-Amerikaanse melkijssorbet..118

    Voorbereidingstijd: 3 minuten..119

    46. Koreaans-Amerikaanse rijstcakespiesjes......................................120

    47. Koreaans-Amerikaanse Aardbei Kiwi Roll Cake............................122

    48. Koreaans-Amerikaans Yakwa-dessert..125

Bereidingstijd: 25 minuten...126

49. Koreaans-Amerikaanse tapiocapudding...128

Voorbereidingstijd: minuten...129

50. Koreaans-Amerikaanse pittige rijstcake...130

51. Gebakken peren in wontonchips en honing, kaneel-mascarpone.................132

Bereidingstijd: 20 minuten..133

52. Gezonde zoete rijstwafel..134

WARME LUNCH..**136**

53. Burrito-kommen met kip..137

54. Kip tikka masala...140

55. Griekse kippenschalen..143

56. Koreaans-Amerikaanse rundvleeskommen voor het bereiden van maaltijden
....146

57. Mason jar kip en ramensoep...149

58. Weckpot bolognese...152

59. Mason jar lasagne..155

60. Miso-gember-detoxsoep..158

61. Gevulde zoete aardappelen...160

62. Koreaans-Amerikaanse kipgevulde aardappelen..162

63. Boerenkool en rode paprika gevulde aardappelen.......................................164

64. Mosterd Kip Gevulde Aardappelen..166

65. Gevulde aardappelen met zwarte bonen en Pico de Gallo..........................168

66. Courgettenoedels met kalkoengehaktballetjes..171

67. Makkelijke gehaktballetjes..174

68. Soep met 3 ingrediënten...176

69. Slowcooker Salsa Turkije..178

70. Burrito-kom-in-een-pot...180

KOUDE LUNCH..**182**

71. Carnitas maaltijdbereidingsschalen...183

72. Chicago hotdogsalade..186

73. Vistaco-kommen..189

74. Cobb-salade oogsten...192

75. Cobb-salade van buffelbloemkool..195

76. Mason jar bieten- en spruitjesgraankommen....................................198

77. Broccolisalade uit Mason Jar...201

78. Mason jar kipsalade...203

79. Mason jar Chinese kipsalade...205

80. Mason jar niçoise salade...207

81. Pittige tonijnkommen..210

82. Steak Cobb-salade...212

83. Voedende kommen voor zoete aardappel.......................................215

84. Thaise kip-Boeddha-kommen...218

85. Thaise kip-pinda-wraps...221

86. Kalkoenspinazie vuurraderen...224

87. Taco-salade van Turkije..226

88. Zeer groene mason jar-salade..228

89. Courgette loempia schaaltjes...230

SALADES..232

90. Chili-Limoen Groenten..233

91. Citroenpasta met broccoli en courgette..236

92. Aubergine, Aardappel & Kikkererwt...238

93. Boerenkoolsla en romige dressing...241

94. Brussel, Wortel & Groenen...243

95. Broccoli Bloemkool Bak..245

96. Pasta met asperges en courgette...247

97. Met groenten gevulde tomaten...249

98. Aubergine Ratatouille...251

99. Champignons & Spinazie..253

100. Zwarte peper Citrusachtige spinazie..255

CONCLUSIE..257

INVOERING

Voedsel is meer dan alleen voedsel: het is een brug tussen culturen, een verhalenverteller van traditie en een viering van identiteit. Dit kookboek is een reis door de levendige smaken van de Koreaanse keuken, liefdevol doordrenkt met de geruststellende essentie van de Amerikaanse keuken.

Als Koreaans-Amerikaan ben ik opgegroeid met het navigeren door twee werelden: de ene geworteld in het rijke erfgoed van Korea, met zijn gedurfde kruiden, gefermenteerde schatten en soulvolle gerechten, en de andere gevormd door de diverse en innovatieve eetcultuur van Amerika. . Dit boek brengt deze twee werelden samen en biedt recepten die de traditie eren en tegelijkertijd de moderne creativiteit omarmen.

Binnenin vind je gerechten die deze prachtige fusion weerspiegelen: klassieke Koreaanse hoofdgerechten opnieuw vormgegeven met een Amerikaans tintje, en Amerikaanse favorieten verheven met een vleugje Koreaanse flair. Van bulgogi-geïnspireerde hamburgers tot kimchi mac en kaas, elk recept is zo gemaakt dat het toegankelijk en toch authentiek is, waarbij het beste van beide culinaire landschappen wordt gecombineerd.

Of je nu je erfgoed herontdekt, voor het eerst Koreaanse smaken ontdekt of gewoon je culinaire horizon wilt verbreden, dit kookboek is voor jou. Laten we de keuken instappen en iets lekkers creëren dat ons verbindt, gerecht voor gerecht

SOEPEN

1. <u>Koreaans-Amerikaanse Tahoesoep</u>

Voorbereidingstijd: 15 minuten
Kooktijd: 20 minuten
Porties: 4 personen

INGREDIËNTEN
- 1 eetlepel knoflookpasta
- 3 ½ kopjes water
- ½ eetlepel dashikorrels
- 3 eetlepels Koreaans-Amerikaanse tahoepasta
- 1 courgette, in blokjes gesneden
- ¼ pond verse champignons, in vieren
- 1/ eetlepel Koreaans-Amerikaanse hete peperpasta
- 1 aardappel, geschild en in blokjes
- 1 - 12-ounce pak zachte tofu, in plakjes gesneden
- 1 ui, in blokjes gesneden

ROUTEBESCHRIJVING
a) Voeg het water toe aan een grote pan, voeg de knoflook, hete peper en de kwarkpasta toe.
b) Verhit tot het kookt en blijf 2 minuten koken om de pasta's te helpen oplossen.
c) Voeg vervolgens de aardappel, uien, courgette en champignons toe, roer door elkaar en breng opnieuw aan de kook voor nog eens 6 minuten.
d) Voeg als laatste de tofu toe. Zodra deze groter is geworden en de groenten zacht zijn, serveer je deze in de kommen en geniet je ervan.

2. **Koreaans-Amerikaanse zeewiersoep**

Voorbereidingstijd: 15 minuten
Kooktijd: 30 minuten
Porties: 4 personen

INGREDIËNTEN
- 2 theelepels sesamolie
- Pakje van 1-1 ounce gedroogd bruin zeewier
- 1 ½ eetlepel sojasaus
- ¼ pond runderlendestuk, fijngehakt
- 6 kopjes water
- 1 theelepel zout
- 1 theelepel gehakte knoflook

ROUTEBESCHRIJVING
a) Plaats het zeewier in een bak met water en dek het af, laat het weken totdat het zacht wordt en snijd het in stukjes van 5,5 cm lang.
b) Zet een pan op het vuur, doe er de olie, het zout naar smaak, het rundvlees en de ½ eetlepel sojasaus in en meng alles al roerend gedurende 1 minuut.
c) Meng vervolgens het zeewier met de rest van de sojasaus en kook nog 1 minuut.
d) Voeg nu 2 kopjes water toe en verwarm tot het begint te koken.
e) Voeg de knoflook toe met de rest van het water. Zodra het weer kookt, zet je het vuur laag en laat je het 20 minuten op laag vuur koken.
f) Corrigeer de kruiden en serveer.

3. <u>**Garnalen Rijstsoep**</u>

Voorbereidingstijd: 120 minuten
Kooktijd: 32 minuten
Porties: 3 personen

INGREDIËNTEN
- 1 eetlepel sesamolie
- 2 kopjes witte rijst
- 1 eetlepel rijstwijn
- 9 ons garnalen, gepeld en ontdaan van darmen
- 12 kopjes water
- Kruiden naar smaak

ROUTEBESCHRIJVING
a) Neem de rijst, spoel hem af en zet hem 120 minuten opzij.
b) Voeg de olie toe aan een pan en verwarm, zodra het heet is, doe de garnalen met de rijstwijn erbij en kook gedurende een minuut. Voeg dan de rijst toe en roer en bak nog 1 minuut.
c) Doe het water erin en verwarm tot het kookt. Zodra de rijst drie keer zo groot is geworden, zet je het vuur laag.
d) Kook nog eens 10 minuten.
e) Corrigeer de kruiden en serveer terwijl het nog heet is.

4. Gedroogde Kabeljauwsoep

Bereidingstijd: 25 minuten
Kooktijd: 30 minuten
Porties: 2 personen

INGREDIËNTEN
- 9 ons zachte tofu
- 2-3 kopjes gedroogde koolvis
- 2 teentjes knoflook, fijngehakt
- 3 lente-uitjes
- 3 ½ eetlepel sesamolie
- 3 ½ kopje Dashida, Koreaanse soepbouillon
- Zout naar smaak
- 1 ei
- 5 kopjes water
- Taugé, indien gewenst
- Eventueel rode pepervlokken

ROUTEBESCHRIJVING
a) Snijd de vis in dunne reepjes van ongeveer 1,5 cm lang.
b) Verhit de olie in een pan en bak de visreepjes gedurende 3 minuten.
c) Giet vervolgens het water met de Koreaans-Amerikaanse bouillon en knoflook erbij, doe een deksel erop en verwarm tot het kookt. Zet dan het vuur lager.
d) Snijd de tofu in stukjes van een halve centimeter en doe deze in de pan.
e) Als je taugé gebruikt, voeg deze dan nu toe.
f) Doe het deksel er weer op en kook gedurende 15 minuten.
g) Klop het ei los met een kleine kom.
h) Roer door de soep en meng goed. Voeg nu de lente-uitjes toe, in stukken van 2,5 cm gesneden.
i) Laat nog 2 minuten koken en breng op smaak.
j) Warm opdienen.

k) Eventueel bestrooien met pepervlokken.
l) Kan gegeten worden met gestoomde rijst.

5. **Rundvleesborst en penssoep**

Voorbereidingstijd: 120 minuten
Kooktijd: 360 minuten
Porties: 10 personen

INGREDIËNTEN
- 1 lente-ui, gehakt voor elke serveerschaal
- 1 pakje ossenstaartbotten inclusief vlees, Koreaans-Amerikaanse supermarkt
- Kruiden naar smaak
- 1 ½ liter water

ROUTEBESCHRIJVING
a) Voeg de ossenstaart toe aan een kom met water en laat het weken, verwijder het overtollige bloed en ververs het water 2-3 keer.
b) Als je klaar bent, doe je de botten in een grote pan en bedek ze met 1,5 liter water.
c) Zet het vuur aan en kook minimaal 6 uur, hoe langer je kookt, hoe beter de smaak en het vlees.
d) Terwijl het kookt, blijf de olie die er bovenop verschijnt afschuimen en houd het waterniveau tijdens het koken op ongeveer 1 gallon.
e) Eenmaal klaar, moet de kleur er romig uitzien.
f) Corrigeer de smaakmaker.
g) Serveer in kommen met de ossenstaart en strooi de fijngehakte lente-uitjes erover.

6. Sojaspruitensoep

Bereidingstijd: 10 minuten
Kooktijd: 30 minuten
Porties: 2-3 personen

INGREDIËNTEN
- 1 lente-uitje, gehakt
- 2 kopjes sojascheuten
- 2 eetlepels sojasaus
- 2 teentjes knoflook, fijngehakt
- 5 kopjes water
- 1 eetlepel sesamolie
- 1-2 eetlepels rode pepervlokken, indien gewenst
- 1 theelepel zout

ROUTEBESCHRIJVING
a) Maak de sojascheuten schoon in water, laat ze uitlekken en verwijder eventuele ongewenste delen.
b) Voeg de olie toe aan een pan en als het heet is, fruit je de knoflook en voeg je tegelijkertijd de sojasaus toe, kook gedurende 3 minuten.
c) Giet het water erbij, plaats de spruitjes en breng op smaak, verwarm tot het begint te koken.
d) Zet nu het vuur laag en laat 20 minuten op laag vuur koken met een deksel erop.
e) Als je rode pepervlokken wilt toevoegen, doe deze dan 5 minuten voor het einde van de kooktijd erbij.
f) Haal van het vuur en serveer in kommen met de gehakte lente-ui erop.

7. Kip- en Ginsengsoep

Bereidingstijd: 20 minuten

Kooktijd: 25 minuten
Porties: 4 personen

INGREDIËNTEN
- 2 eetlepels knoflook, fijngehakt
- 1 theelepel sesamzaadjes
- 2 eetlepels verse gember, fijngehakt
- 8 kopjes kippenbouillon
- 1 eetlepel sojasaus
- 1-2 theelepels rode chilipeperpasta
- ½ kopje rijst
- 1 theelepel geroosterde sesamolie
- 2 bosuitjes, fijngesneden
- 1 kopje geraspte gekookte kip

ROUTEBESCHRIJVING
a) Bak de zaden gedurende 1 minuut, tot ze goudbruin zijn in een droge koekenpan, en zet dan opzij.
b) Voeg in een grote pan de knoflook, bouillon en gember toe en verwarm tot het kookt.
c) Zodra het kookt, meng je de chilipasta, soja- en sesamolie erdoor.
d) Doe de kip erin en verwarm tot hij warm wordt.
e) Schep de soep in de serveerkommen en werk af met de lente-uitjes en zaadjes erover.

8. <u>**Rijst- en Rundvleesnoedelsoep**</u>

Voorbereidingstijd: 30 minuten
Kooktijd: 75 minuten
Porties: 8 personen

INGREDIËNTEN
- ½ hele Koreaans-Amerikaanse radijs
- ½ pond runderribsteak
- ¼ pond Chinese noedels
- 1⅓ pond runderschenkel
- 5 teentjes knoflook
- 1 lente-ui, groot en fijngehakt
- Kruiden naar smaak

ROUTEBESCHRIJVING
a) Neem het rundvlees en snijd het in stukken ter grootte van de mond.
b) Snij de radijs in twee stukken.
c) Kook ze nu samen in een grote pan met 30 kopjes water. Zodra het kookt, zet je het vuur lager en laat je het 60 minuten sudderen.
d) Zodra het vlees gaar is, haalt u het samen met de radijs uit de bouillon. Laat de bouillon afkoelen en verwijder het overtollige vet.
e) Als je het aankunt, snijd de radijs in ⅛ dikke plakjes.
f) Doe het vlees met de gesneden radijs terug in de bouillon en breng dit keer opnieuw aan de kook met de noedels.
g) Voeg de bosuitjes toe en breng op smaak met peper en zout.
h) Serveer in soepkommen en geniet ervan.

9. Koreaans-Amerikaanse mesgesneden noedelsoep

Voorbereidingstijd: 15 minuten
Kooktijd: 25 minuten
Porties: 4 personen

INGREDIËNTEN
½ theelepel gehakte knoflook
4 ½ kopjes gedroogde ansjovis- en kelpbouillon of water
½ theelepel fijn zeezout
1 theelepel sojasaus
Water om de noedels te koken
1,7 ons wortel, in dunne reepjes gesneden
10 ons kalguksu of ramennoedels
1,4 ons shitake-paddenstoelen, in dunne plakjes gesneden
3,5 ons courgette, in dunne plakjes gesneden
Garnalen van 3,5 ons, kop en staart verwijderd, ontdaan van darmen
4,5 ons verse of bevroren kleine mosselen, schoongemaakt
1 lente-uitje, gehakt

ROUTEBESCHRIJVING
1. Zet twee potten op het vuur, één met water voor de noedels en verwarm tot het kookt. De anderen gebruiken een grote pan en voegen de kelpbouillon of water toe en brengen aan de kook.
2. Kook de noedels 3 minuten, zeef ze, spoel ze af en zet ze opzij.
3. Voeg in de hoofdpan de wortels, champignons en courgette toe, kook gedurende 2 minuten en laat de mosselen en garnalen nog eens 2 minuten erbij vallen.
4. Voeg ten slotte de noedels toe en roer door elkaar.
5. Eenmaal warm serveer in kommen.
6. Let op. Als je water gebruikt in plaats van bouillon, voeg dan extra sojasaus en kruiden toe voor extra smaak.

10. **Varkensneksoep**

Voorbereidingstijd: 120 minuten
Kooktijd: 120 minuten
Porties: 4 personen

INGREDIËNTEN
1 kleine ui
Varkensnek van 3 pond
10 zwarte peperkorrels
1 duimgroot stuk verse gember, geschild
3 eetlepels perillazaadpoeder
10 teentjes knoflook
3 eetlepels rijstwijn
1 theelepel gemalen gember
3 eetlepels Koreaans-Amerikaans rode peperpoeder
3 eetlepels vissaus
4 kleine romige aardappelen, geschild
1 bos Chinese kool of paksoi
5 lente-uitjes, gehakt
Kruiden naar smaak
10 perillablaadjes

ROUTEBESCHRIJVING
1. Leg het varkensvlees in water en laat het 120 minuten weken, maak het water na 60 minuten schoon.
2. Als het vlees klaar is, doe je het in een grote pan, bedek het met water en verwarm tot het kookt, laat het 6 minuten koken.
3. Giet nu het water af en spoel het vlees af met koud water.
4. Maak de pan schoon, voeg het vlees opnieuw toe en doe er voldoende water in, zodat het onder water staat.
5. Voeg de hele ui, 4 teentjes knoflook, gember en peperkorrels toe, verwarm dit tot het kookt, zet het vuur laag en laat 90 minuten koken.

6. Meng ondertussen de rijstwijn, het perillazaadpoeder, de rode paprika, de vissaus, 6 teentjes knoflook en het gemberpoeder.
7. Als de saus goed gemengd is, zet je hem opzij.
8. Haal het varkensvlees uit de bouillon als het klaar is en zet het opzij.
9. Verwijder de gember, ui, peperkorrels en knoflook en doe het varkensvlees terug.
10. Doe de aardappelen met de saus erbij, meng alles, breng op smaak en laat nog 20 minuten koken.
11. Voeg als laatste de perillablaadjes en kool toe en kook 2-3 minuten.
12. Serveer in kommen met de lente-uitjes en zwarte peper erover.

HOOFDGERECHT

11. Gyeranbap met geroosterd zeewier

Serveert 1

INGREDIËNTEN
- 1 kop gekookte witte rijst, bij voorkeur vers
- 2 theelepels geroosterde sesamolie
- ¾ theelepel sojasaus, plus meer naar smaak
- 2 grote eieren
- 1 pakje (5 gram), geplet met je handen
- Kappertjes, om te serveren
- Versgemalen zwarte peper

Instructies
a) Voeg de rijst toe aan een middelgrote kom en zet opzij.
b) Verhit de sesamolie en sojasaus in een middelgrote koekenpan met anti-aanbaklaag op hoog vuur. Breek de eieren erin. Zet het vuur lager als de spetters te veel zijn, maar kook anders gewoon tot het eiwit zacht is geworden, lichtjes knapperig is aan de randen en het witte gebied rond de dooier niet langer vloeibaar is, ongeveer 1 minuut (als je pan heet genoeg is; langer als dat niet het geval is). Bovendien zou de sojasaus het wit moeten hebben bevlekt en moeten borrelen, waardoor het een plakkerig glazuur is geworden.
c) Laat de spiegeleieren over de rijst glijden, besprenkel met de gim en bestrooi met enkele kappertjes. Breng op smaak met peper. Meng alles met een lepel alvorens te proeven. Hier kunt u de smaak aanpassen en indien nodig meer sojasaus toevoegen.

12. Rundvlees Bulgogi

Bereidingstijd: 10 minuten
Kooktijd: 5 minuten
Porties: 4 personen

INGREDIËNTEN
- 2 ½ eetlepels witte suiker
- 1 pond zijsteak, in dunne plakjes gesneden
- ¼ kopje lente-uitjes, gehakt
- 5 eetlepels sojasaus
- 2 eetlepels gehakte knoflook
- ½ theelepel gemalen zwarte peper
- 2 eetlepels sesamolie
- 2 eetlepels sesamzaadjes

ROUTEBESCHRIJVING
a) Leg het vlees in een lage schaal.
b) Meng de suiker, knoflook, sojasaus, sesamzaad en olie, met de lente-uitjes en zwarte peper in een kom.
c) Sprenkel het rundvlees erover, dek de schaal af en laat het 60 minuten (hoe langer hoe beter, zelfs een hele nacht) in de koelkast rusten.
d) Wanneer u klaar bent, verwarmt u de grill of barbecue en smeert u het rooster in met olie.
e) Eenmaal heet gril het vlees 2 minuten aan elke kant en serveer.

13. <u>**Koreaans-Amerikaanse BBQ Short Ribs**</u>

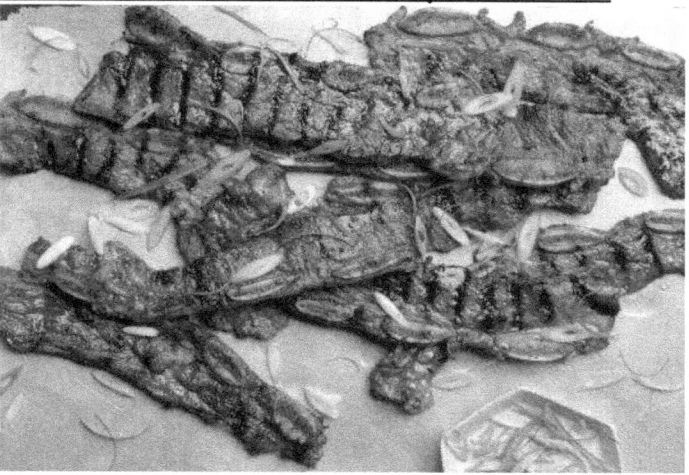

Voorbereidingstijd: 15 minuten
Kooktijd: 10 minuten
Porties: 5 personen

INGREDIËNTEN
- 3 eetlepels witte azijn
- ¾ kopje sojasaus
- ¼ kopje donkerbruine suiker
- ¾ kopje water
- 1 eetlepel zwarte peper
- 2 eetlepels witte suiker
- ¼ kopje gehakte knoflook
- 3 pond korte ribben in Koreaans-Amerikaanse stijl, over de botten gesneden
- 2 eetlepels sesamolie
- ½ grote ui, gehakt

ROUTEBESCHRIJVING
a) Meng de azijn, sojasaus en water in een glazen of roestvrijstalen kom.
b) Klop nu de twee suikers erdoor, olie, ui, peper en knoflook, en klop tot de suikers zijn gesmolten.
c) Leg de ribben in de saus, dek af met huishoudfolie en zet minimaal 7 uur in de koelkast.
d) Verwarm de tuingrill wanneer u klaar bent om te koken.
e) Haal de ribben uit de marinade en gril ze 6 minuten aan elke kant, serveer ze als ze klaar zijn.

14. Koreaans-Amerikaanse kip

Bereidingstijd: 45 minuten
Kooktijd: 20 minuten
Porties: 4 personen

INGREDIËNTEN
- 2 eetlepels sesamzaadjes
- 1-3 pond hele kip
- $\frac{1}{8}$ theelepel zout
- $\frac{1}{4}$ kopje sojasaus
- 1 bosui, fijngehakt
- $\frac{1}{8}$ theelepel gemalen zwarte peper
- 1 teentje knoflook
- 1 eetlepel witte suiker
- 1 theelepel pindakaas
- 1 theelepel mononatriumglutamaat

ROUTEBESCHRIJVING
a) Haal de kip met een scherp mes van de botten.
b) Snijd het vlees in plakjes van $\frac{1}{8}$ inch dik, 5 cm in het vierkant, doe het vlees in een kom met de sojasaus.
c) Bak de sesamzaadjes in een droge koekenpan, doe ze in een houten kom zodra ze beginnen te knappen en voeg zout toe.
d) Plet vervolgens de zaden met de achterkant van een lepel.
e) Zodra het fijn wordt, voeg je de knoflook, peper, suiker, ui, mononatrium en olie goed samen.
f) Meng de kip met de sojasaus en laat 30 minuten marineren.
g) Gebruik dezelfde koekenpan als eerder en bak op een lage temperatuur afgedekt.
h) Als het gaar wordt, is het klaar. Mogelijk heb je een beetje water nodig om het tijdens het koken vochtig te houden.

15. Koreaans-Amerikaanse steak

Bereidingstijd: 20 minuten
Kooktijd: 10 minuten
Porties: 6 personen

INGREDIËNTEN
- 5 eetlepels witte suiker
- 2 pond Schotse filet, in dunne plakjes gesneden
- 2 ½ eetlepel sesamzaadjes
- ½ kopje sojasaus
- 2 teentjes knoflook, geperst
- 2 eetlepels sesamolie
- 5 eetlepels mirin, Japanse zoete wijn
- 3 dun gesneden sjalotten

ROUTEBESCHRIJVING
a) Meng de sesamzaadjes en olie, knoflook, sojasaus, sjalotjes, suiker en mirin.
b) Doe het vlees in de saus, meng het door het vlees, dek af en zet het 12 uur in de koelkast.
c) Als je klaar bent, verwarm dan een koekenpan op middelhoog vuur en bak het vlees 6-8 minuten, of tot het gaar is.
d) Serveer met gebakken rijst of salade.

16. Chap Chee-noedels

Voorbereidingstijd: 35 minuten
Kooktijd: 20 minuten
Porties: 4 personen

INGREDIËNTEN

- 2 bosuitjes, fijngesneden
- 1 eetlepel sojasaus
- 1 theelepel sesamzaadjes
- 1 eetlepel sesamolie
- 1 teentje knoflook, fijngehakt
- ¼ theelepel zwarte peper
- 2 eetlepels plantaardige olie
- 1 theelepel suiker
- ½ kopje dun gesneden wortels
- ⅓ pond entrecote, in dunne plakjes gesneden
- ¼ pond Chinese kool, in plakjes gesneden
- 3 ons cellofaannoedels, gedrenkt in warm water
- ½ kopje gesneden bamboescheuten
- 2 kopjes verse spinazie, gehakt
- 1 eetlepel suiker
- ¼ theelepel zwarte peper
- 2 eetlepels sojasaus
- ½ theelepel zout

ROUTEBESCHRIJVING

a) Meng in een grote kom de sesamolie en zaden, lente-uitjes, 1 eetlepel sojasaus, theelepel suiker, knoflook en ¼ theelepel peper.
b) Meng het rundvlees erdoor en laat het 15 minuten in de kamer staan.
c) Zet een grote koekenpan of wok op als je die hebt, en verwarm deze met een beetje olie.

d) Bak het rundvlees tot het bruin wordt en voeg dan de kool, wortels, bamboe en spinazie toe en roer goed door elkaar.
e) Roer vervolgens de noedels, 1 eetlepel suiker, peper, zout en 2 eetlepels soja erdoor.
f) Meng goed, zet het vuur lager en kook tot het geheel heet is.

17. Koreaans-Amerikaans pittig gemarineerd varkensvlees

Bereidingstijd: 45 minuten
Kooktijd: 15 minuten
Porties: 8 personen

INGREDIËNTEN
- ½ kopje Koreaans-Amerikaanse hete peperpasta
- ¼ kopje rijstwijnazijn
- 3 eetlepels gehakte knoflook
- 2 eetlepels sojasaus
- 2 eetlepels rode pepervlokken
- 3 eetlepels witte suiker
- ½ theelepel zwarte peper
- 3 eetlepels gehakte verse gember
- 3 lente-uitjes, in stukken van 2 inch gesneden
- Een stuk varkenslende van 1 tot 2 pond, in plakjes van ¼ inch dik gesneden
- ½ gele ui, in ringen van ¼ inch dik gesneden
- ¼ kopje canola-olie

ROUTEBESCHRIJVING
a) Meng de soja, knoflook, rode pepervlokken, suiker, lente-uitjes, azijn, peperpasta, gember, gele uien en zwarte peper.
b) Voeg, zodra alles goed gemengd is, het gesneden varkensvlees toe en smeer de saus over het varkensvlees, goed bedekkend.
c) Doe het in een hersluitbare zak en laat het 3 uur in de koelkast rusten.
d) Als je klaar bent om te koken, doe dan de olie in een koekenpan en bak in porties op middelhoog vuur.
e) Wanneer het goudbruin wordt en in het midden niet meer roze is, plaats je het op de borden.
f) Serveer met rijst en salade.

18. Koreaans-Amerikaanse gemarineerde flanksteak

Voorbereidingstijd: 15 minuten

Kooktijd: 15 minuten
Porties: 6 personen

INGREDIËNTEN

- 1 ui, grof gesneden
- 4 teentjes knoflook
- 2 ½ kopjes natriumarme sojasaus
- 1 theelepel gehakte verse gember
- ¼ kopje geroosterde sesamolie
- 2 eetlepels ongekruide vleesvermalser
- 2 pond runderflanksteak, bijgesneden
- 3 eetlepels Worcestershiresaus
- 1 kopje witte suiker

ROUTEBESCHRIJVING

a) Doe de gember, knoflook en ui in een blender, voeg nu de sesamolie, suiker, sojasaus, malsmaker en Worcestershire toe en pulseer tot een gladde massa.
b) Als je klaar bent, doe je de saus in een hersluitbare zak of kom als je die niet hebt.
c) Snijd het vlees in met een mes, leg het in de marinade en laat het een nacht in de koelkast staan.
d) Verhit de buitengrill en bak de biefstuk 5-6 minuten aan beide kanten, of langer als je dat wilt.
e) Dienen.

19. Zoete gegrilde lamskoteletjes met kruiden

Voorbereidingstijd: 15 minuten
Kooktijd: 10 minuten
Porties: 4 personen

INGREDIËNTEN
- 1 eetlepel Koreaans-Amerikaanse sojabonenpasta
- 2 vloeibare ounces sake
- 2 eetlepels mirin
- 1 ¼ ounce Koreaans-Amerikaanse chilipasta
- 1 eetlepel sojasaus
- 1 eetlepel honing
- 1 eetlepel sesamolie
- 16 Franse getrimde lamsribkoteletten
- 1 ½ theelepel Koreaans-Amerikaanse chilivlokken
- Sesamzaadjes voor erbij
- Olie om te koken

ROUTEBESCHRIJVING
a) Meng in een kom de bonenpasta, sake, sojasaus, honing, chilipasta, mirin, sesamolie en chilivlokken tot een gladde massa.
b) Leg het lamsvlees erin en bestrijk het geheel met de saus.
c) Doe vershoudfolie over de kom en zet hem minimaal 4 uur in de koelkast.
d) Wanneer u klaar bent om te koken, steekt u de houtskoolgrill aan en vett u de grills in.
e) Bedek de lamsbeenderen met folie om te voorkomen dat ze verbranden.
f) Kook ze ongeveer 6-8 minuten en draai ze halverwege het koken om.
g) Leg ze op de serveerschalen en werk af met wat sesamzaadjes.

20. Koreaans-Amerikaanse gebraden kippendijen

Bereidingstijd: 10 minuten
Kooktijd: 60 minuten
Porties: 8 personen

INGREDIËNTEN
- ½ kopje fijngehakte lente-ui
- 8 kippendijen, met vel
- 3 eetlepels sesamolie
- ½ kopje sojasaus
- 2 theelepels gehakte knoflook
- ¼ theelepel zwarte peper
- 3 eetlepels honing
- ¼ theelepel gemalen gember

ROUTEBESCHRIJVING
a) Verwarm de kachel tot 375°F.
b) Leg de kip met het vel naar beneden in een braadslede.
c) Meng de overige ingrediënten in een kom.
d) Giet de saus over de kip en plaats deze in de oven.
e) Kook in de oven zonder deksel gedurende 45 minuten.
f) Draai de kip nu om en bak nog eens 15 minuten.
g) Serveer zodra het gaar is.

21. Pittige Koreaans-Amerikaanse kip en aardappel

Voorbereidingstijd: 15 minuten
Kooktijd: minuten
Porties: 4 personen

INGREDIËNTEN

- 2 wortels, in stukken van 5 cm gesneden of gebruik 10 hele babywortelen
- 2 ½ pond kippendrumsticks of stukjes kip
- 1 grote ui, in 8 gesneden
- 2 grote aardappelen, in grote dobbelstenen gesneden
- 1 groene paprika in blokjes
- ½ kopje water
- 2 eetlepels witte suiker
- 4 teentjes knoflook, gehakt
- ½ kopje sojasaus
- 1 theelepel verse gember
- 3 eetlepels Koreaans-Amerikaanse rode peperpasta of andere hete saus

ROUTEBESCHRIJVING

a) Voeg de kip, ui, aardappelen, gember, wortels, knoflook en suiker toe aan een pan en verwarm, roer door elkaar.
b) Voeg de sojasaus met het water toe en meng de peperpasta erdoor.
c) Verhit tot het begint te koken, zet nu het vuur laag en laat 45 minuten op laag vuur koken.
d) Haal het eruit als het kippensap helder is.
e) De saus zal dikker worden naarmate deze begint af te koelen.

NOEDELS

22. Mungbonen-noedelsalade

Voorbereidingstijd: 15 minuten
Kooktijd: 5 minuten
Porties: 4 personen

INGREDIËNTEN
1 wortel, dun geschoren
½ kopje mungboonpoeder
1 Libanese komkommer, dun geschoren
1 eetlepel sesamolie
1 lange rode chilipeper, in dunne plakjes gesneden
2 kopjes mizuna of krulandijvie
Voor de aankleding
1 theelepel sesamzaadjes, geroosterd
2 eetlepels sojasaus
2 theelepels lichte glucosestroop of honing
1 theelepel sesamolie
1 eetlepel bruine rijst of witte azijn
2 theelepels kristalsuiker
1 theelepel Koreaans-Amerikaans chilipoeder
1 schijfje bosui dun

ROUTEBESCHRIJVING
1. Voeg het bonenpoeder toe aan 2 ¾ kopjes water, meng goed en laat 60 minuten staan.
2. Als je klaar bent, doe je het mengsel in een pan en verwarm je het tot het begint te koken. Blijf voortdurend kloppen om aanbranden te voorkomen.
3. Als het kookt, zet je het vuur lager en laat je het 2 minuten koken.
4. Zodra het dik wordt, roer je de sesamolie en 1 theelepel zout erdoor.
5. Haal het vuur uit en giet het mengsel in een ingevette cakevorm, met een diameter van 20 cm.

6. Zet het in de koelkast tot het stevig wordt, ongeveer 60 minuten.
7. Eenmaal stevig, snijd ze in lange dunne reepjes, dit zijn de noedels, leg ze opzij als ze klaar zijn.
8. Doe vervolgens alle **INGREDIËNTEN VOOR DE DRESSING** in een kom en meng goed.
9. Voeg de mizuna, komkommer, bonennoedels, chili en wortel toe en roer voorzichtig door elkaar.
10. Serveer.

23. Roerbak zoete aardappelvermicelli en rundvlees

Voorbereidingstijd: 15 minuten
Kooktijd: 10 minuten
Porties: 4 personen

INGREDIËNTEN
- 2 eetlepels sesamolie
- ½ pond runderoogfilet, in dunne plakjes gesneden
- 2 teentjes knoflook, in dunne plakjes gesneden
- ⅓ kopje sojasaus
- 1 eetlepel basterdsuiker
- 1 ½ kopjes gemengde Aziatische paddenstoelen
- 5 gedroogde shiitake-paddenstoelen
- 2 eetlepels plantaardige olie
- 1 wortel, geraspt
- 2 uien, in dunne partjes gesneden
- 1 eetlepel geroosterde sesamzaadjes
- ¼ pond zoete aardappelvermicelli, of mungboonvermicelli, gekookt en uitgelekt
- 3 kopjes babyspinazie, alleen de bladeren

ROUTEBESCHRIJVING
a) Doe het rundvlees met de sojasaus, suiker, 2 theelepels sesamolie en knoflook in een kom, leg er huishoudfolie overheen en zet het 30 minuten in de koelkast.
b) Terwijl u wacht, weekt u de gedroogde champignons gedurende 30 minuten in kokend water, laat ze uitlekken en snijd ze in plakjes.
c) Doe vervolgens 1 eetlepel plantaardige olie in een koekenpan of wok met hoge zijkanten.
d) Voeg, zodra het warm is, de gemengde champignons, 1 theelepel sesamolie en de shiitake-paddenstoelen toe, bak al roerend 3 minuten en breng op smaak.

e) Giet nu het vlees af en bewaar de marinade apart.
f) Verwarm de koekenpan of wok opnieuw met 1 theelepel sesamolie en de rest van de plantaardige olie.
g) Fruit de uien gedurende 3-5 minuten tot ze goudbruin zijn en doe de wortels erbij tot ze gaar zijn.
h) Leg het vlees erin en laat nog 2-3 minuten koken.
i) Voeg nu de noedels, alle champignons, spinazie en de rest van de sesamolie toe.
j) Giet de marinade erbij en kook nog 2 minuten.
k) Zodra alles warm is, kun je het gerecht opdienen en eindigen met de zaadjes erover.

24. Pittige koude noedels

Voorbereidingstijd: 15 minuten
Kooktijd: 10 minuten
Porties: 4 personen

INGREDIËNTEN
- 2 teentjes knoflook, geperst
- 3 eetlepels Koreaans-Amerikaanse gochujang, een hete pittige pasta
- 1 duimgroot stuk verse gember, geschild en geraspt
- ¼ kopje rijstwijnazijn
- 1 theelepel sesamolie
- 4 radijsjes, in dunne plakjes gesneden
- 2 eetlepels sojasaus
- 4 eieren, zacht gepocheerd
- 1 ½ kopje boekweitnoedels, gekookt, uitgelekt en opgefrist
- 1 telegraafkomkommer, in grote stukken gesneden
- 2 theelepels, 1 van elk zwart en wit sesamzaad
- 1 kopje kimchi

ROUTEBESCHRIJVING
1. Voeg de hete saus, knoflook, sojasaus, gember, wijnazijn en sesamolie toe aan een kom en meng alles.
2. Doe de noedels erin en meng goed, zorg ervoor dat ze bedekt zijn met de saus.
3. Doe ze in de serveerschalen en voeg nu aan elk de radijs, kimchi, ei en komkommer toe.
4. Werk af met het bestuiven van de zaadjes.

25. Noedels met Zwarte Bonensaus

Voorbereidingstijd: 30 minuten
Kooktijd: 25 minuten
Porties: 3 personen

INGREDIËNTEN
- 1 kopje courgette, in stukjes van ½ inch gesneden
- ½ pond buikspek, in blokjes van ½ inch gesneden
- 1 kopje aardappel, geschild en in blokjes van ½ inch gesneden
- 1 kop Koreaans-Amerikaanse radijs of daikon, in dobbelstenen van ½ inch gesneden
- 1 ½ kopjes ui, grof gehakt
- 2 eetlepels aardappelzetmeelpoeder gemengd met ½ kopje water
- 3 eetlepels plantaardige olie
- 1 theelepel sesamolie
- 1 plus ¼ kopje zwarte bonenpasta
- ½ kopje komkommer, in dunne plakjes gesneden, zoals luciferstokjes
- Water
- Noedels of rijst om erbij te serveren

ROUTEBESCHRIJVING
a) Voeg 1 eetlepel plantaardige olie toe aan een diepe koekenpan of wok en verwarm.
b) Eenmaal heet, bak het varkensvlees goudbruin en knapperig, ongeveer 5 minuten, roer tijdens het frituren.
c) Als u klaar bent, neemt u het overtollige varkensvet weg, doet u de radijs erbij en kookt u nog 1 minuut.
d) Voeg vervolgens de ui, aardappel en courgette toe en roerbak nog 3 minuten.
e) Duw nu alle ingrediënten Voeg 2 eetlepels plantaardige olie toe aan de rand van de wok en doe in het midden de zwarte

bonenpasta van ¼ kopje, meng alles en roer alles vanaf de randen erdoor.
f) Giet er 2 kopjes water bij, dek de wok af en kook gedurende 10 minuten.
g) Test of de groenten gaar zijn, voeg eventueel het zetmeelwater toe en roer tot het dik wordt.
h) Voeg als laatste de sesamzaadjes toe en haal van het vuur.
i) Serveer met de rijst of noedels.

26. Koreaans-Amerikaanse kipnoedelkom

Voorbereidingstijd: 30 minuten

Kooktijd: 10 minuten
Porties: 4 personen

INGREDIËNTEN

1-1 inch stuk verse gember, geraspt
¼ kopje tamari, donkere sojasaus
1 pond volkoren spaghetti
Kruiden naar smaak
2 grote teentjes knoflook, geraspt
2 eetlepels tomatenpuree
1 eetlepel sesamolie
3 eetlepels honing of agavesiroop
2 eetlepels rijstwijnazijn
2 eetlepels tomatenpuree
2 eetlepels plantaardige olie
¼ kleine kool, fijn gesneden
1 bosje bosuitjes, schuin gesneden
1 theelepel hete saus
Geroosterde sesamzaadjes voor de afwerking
1 pond kippendij of -borst, bot en zonder vel, in reepjes gesneden
½ rode paprika, in blokjes of gesneden

ROUTEBESCHRIJVING

1. Verhit een pan met kokend gezouten water en kook de pasta, zorg ervoor dat deze licht knapperig blijft en niet drassig.
2. Voeg intussen de gember, knoflook, een beetje kokend water, zout, azijn, honing, sesamolie, tamari, hete saus en tomatenpuree toe aan een blender en pulseer tot een gladde massa.
3. Voeg de plantaardige olie toe aan de wok of koekenpan en verwarm.

4. Bak de kipreepjes, zodra ze warm zijn, in ongeveer 3 minuten goudbruin. Voeg nu de paprika en de kool nog eens 2 minuten toe.
5. Voeg vervolgens de saus en de lente-uitjes toe en laat nog 1 minuut koken.
6. Leg de kip over de noedels en eindig met de zaadjes erop.
7. Serveer indien gewenst met extra hete saus.
8. Dit recept kan indien nodig met varkensvlees worden gebruikt.

27. Pittige Noedels Met Ei En Komkommer

Bereidingstijd: 10 minuten
Kooktijd: 5 minuten
Porties: 4 personen

INGREDIËNTEN
1 eetlepel Koreaans-Amerikaans chilipoeder
1 ½ kopje kimchi, gehakt
1 ½ kopje bruine rijstazijn
2 eetlepels chilipasta
2 eetlepels kristalsuiker
1 eetlepel sesamolie
¼ pond myeon-noedels
1 eetlepel sojasaus
½ kopje dun gesneden kool of sla
1 komkommer, in dunne plakjes, vel eraf
2 hardgekookte eieren, gehalveerd

ROUTEBESCHRIJVING
1. Meng in een kom de chilipasta, sojasaus, kimchi, rijstazijn, sesamolie, chilipoeder en suiker en zet dit apart.
2. Doe de noedels in kokend water en kook ze 3-4 minuten. Als ze gaar zijn, laat ze afkoelen onder stromend koud water en laat ze uitlekken.
3. Doe de koude of koele noedels in de kom met de saus en meng.
4. Doe de noedels in de serveerschalen en beleg met gesneden komkommer, 1 sesamblad, de kool of sla en werk af met een half ei.

28. Koreaans-Amerikaanse koude noedels

Voorbereidingstijd: 15 minuten
Kooktijd: 10 minuten
Porties: 2 personen

INGREDIËNTEN
- 2 kopjes runderbouillon
- ¼ pond boekweitnoedels, naengyun, niet soba of memil gooksu
- 1 eetlepel bruine rijstsuiker
- 2 kopjes kippenbouillon, ongezouten
- 1 eetlepel bruine rijstazijn
- 1 kleine Aziatische peer, in zeer dunne plakjes gesneden
- 2 eetlepels witte suiker
- ½ Koreaans-Amerikaanse komkommer, ontpit en in dunne reepjes gesneden
- 1 hardgekookt ei
- IJsblokjes om te serveren
- ¼ kopje ingelegde radijs
- Dun gesneden gekookt borststuk of runderschenkel

ROUTEBESCHRIJVING
a) Meng de runder- en kippenbouillon, roer de azijn erdoor en breng op smaak.
b) Zet het mengsel 30 minuten in de koelkast om te rusten.
c) Kook ondertussen de noedels volgens de aanwijzingen op de verpakking in kokend water.
d) Eenmaal klaar, verversen onder stromend koud water en laten uitlekken.
e) Doe de noedels in de serveerschalen.
f) Schep nu vrijelijk de bouillon erover en plaats ijsblokjes om de noedels te bedekken.

29. Pittige Koreaans-Amerikaanse slakkensalade

Bereidingstijd: 20 minuten
Kooktijd: 10 minuten
Porties: 3-4 personen

INGREDIËNTEN
- ½ ui, in dunne plakjes gesneden
- 1 grote of 2 kleine blikjes golbanygi, zeeslakken
- ½ wortel in luciferstokjes gesneden
- ¼ kool, in dunne plakjes gesneden
- 1 kleine komkommer, schuin in dunne plakjes gesneden
- 2 eetlepels Koreaans-Amerikaanse chilivlokken
- 1 teentje knoflook, fijngehakt
- 2 eetlepels rijstwijnazijn
- 2 eetlepels Koreaans-Amerikaanse chilipasta
- 1 eetlepel Koreaans-Amerikaans pruimenextract
- 1 lente-uitje, gehakt
- 1 eetlepel suiker
- 1 eetlepel geroosterde sesamzaadjes
- Koreaans-Amerikaanse dunne tarwenoedels of vermicelli

ROUTEBESCHRIJVING
a) Giet de zeeslakken af, maar bewaar 1 eetlepel van het sap. Als de stukken groot zijn, halveer ze dan.
b) Gebruik een grote kom en voeg de wortels, kool, komkommer, slakken en ui toe en zet opzij.
c) Neem vervolgens een kleinere kom en meng de chilipasta, suiker, knoflook, chilivlokken, pruimenextract, azijn, slakkensap en sesamzaadjes voor de saus.
d) Schep de groenten erover, meng goed en zet in de koelkast terwijl je de noedels kookt.
5. Voeg de noedels toe aan kokend water en kook volgens de instructies op de verpakking.

6. Wanneer u klaar bent, onder stromend water verversen en laten uitlekken.
7. Wanneer je klaar bent om te serveren, meng je de twee samen en geniet ervan.

30. Pittige Soba-noedels

Voorbereidingstijd: minuten
Kooktijd: minuten
Porties: 8-10 personen

INGREDIËNTEN
- ½ Koreaans-Amerikaanse radijs of daikon, gesneden in reepjes van 2 inch, ½ inch breed
- 1 pakje Koreaans-Amerikaanse soba-noedels
- 1 eetlepel zout
- 1 Aziatische komkommer, gehalveerd, zaad verwijderd en schuin in plakjes gesneden
- 2 eetlepels azijn
- 4 gekookte eieren, gehalveerd
- 2 eetlepels suiker

VOOR DE SAUS
- ¼ kopje sojasaus
- ½ middelgrote ui, geschild en in blokjes gesneden
- ½ kopje water
- 1 teentje knoflook
- ½ appel, geschild en in blokjes gesneden
- 3 eetlepels water of ananassap
- 3 plakjes ananas gelijk aan de appel
- ⅓ kopje bruine suiker
- 1 kop Koreaans-Amerikaanse chilivlokken
- 3 eetlepels honing
- ¼ kopje witte suiker
- ½ theelepel gemberpoeder
- 1 eetlepel geroosterde sesamzaadjes
- 1 theelepel zout
- 2 eetlepels sesamolie
- 1 theelepel Koreaans-Amerikaanse mosterd of Dijon

ROUTEBESCHRIJVING

a) De saus maken Meng in een pan de sojasaus met ½ kopje water en kook.
b) Zodra het kookt, haal je het van het vuur en laat je het aan één kant staan.
c) Voeg de ui, knoflook, appel, ananas en 3 eetlepels water of sap toe aan de blender en pulseer tot er een puree ontstaat.
d) Roer het pureemengsel door de sojasaus en voeg de rest van de sausingrediënten toe.
e) Giet het mengsel in een luchtdicht bakje en zet het 24 uur in de koelkast.
f) Doe de suiker, radijs, zout en azijn samen in een kom en laat 15-20 minuten rusten, nadat je het overtollige vocht uit het mengsel hebt geperst.
g) Doe de noedels in kokend water en kook volgens de instructies. Ververs ze daarna onder koud water.
h) Voeg bij het serveren de noedels toe aan de borden, schep er 3 eetlepels saus over en werk af met radijs en komkommer erbovenop.
i) Als de noedels lang zijn, kunnen ze met een schaar worden afgeknipt.

31. Koreaans-Amerikaanse noedels met groenten

Voorbereidingstijd: 15 minuten
Kooktijd: 20 minuten
Porties: 4 personen

INGREDIËNTEN
3 eetlepels Aziatische sesamolie
6 ons dunne bonendraadnoedels
3 eetlepels suiker
½ kopje tamari
1 eetlepel saffloerolie
1 eetlepel gehakte knoflook
3 middelgrote wortels, in luciferstokjes ⅛ dik gesneden
3 kopjes babyspinazie
1 middelgrote ui, in ⅛ plakjes gesneden
¼ pond champignons, in ⅛ plakjes gesneden

ROUTEBESCHRIJVING
1. Doe de noedels in water, laat ze 10 minuten weken, zodat ze zacht worden, en laat ze uitlekken.
2. Voeg de noedels toe aan kokend water gedurende 2 minuten. Zodra ze gaar zijn, laat ze uitlekken en laat ze afkoelen onder koud water.
3. Doe de suiker, sesamolie en knoflook in een blender en pulseer tot een gladde massa.
4. Voeg vervolgens de olie toe aan een koekenpan van 30 cm. Zodra deze begint te roken, voeg je de wortels met de uien toe en bak je ze 3 minuten.
5. Voeg nu de champignons nog 3 minuten toe, roer de spinazie er 30 seconden door en daarna de noedels.
6. Besprenkel het tamari-mengsel erdoor en meng het door elkaar.
7. Zet het vuur laag en laat 4 minuten op laag vuur koken.
8. Serveer warm of koud.

STRAATVOEDSEL EN SNACKS

32. Hotteok met Groenten en Noedels

Voorbereidingstijd: 30 minuten
Kooktijd: 5 minuten
Porties: 10 personen

INGREDIËNTEN
VOOR HET DEEG
- 2 theelepels droge gist
- 1 kopje warm water
- ½ theelepel zout
- 2 kopjes bloem voor alle doeleinden
- 2 eetlepels suiker
- 1 eetlepel plantaardige olie

VOOR DE VULLING
- 1 eetlepel suiker
- 3 ons zoete aardappelzetmeelnoedels
- ¼ theelepel gemalen zwarte peper
- 2 eetlepels sojasaus
- 3 ons Aziatische bieslook, klein gesneden
- 1 middelgrote ui, in kleine blokjes gesneden
- 1 theelepel sesamolie
- 3 ons wortel, in kleine blokjes gesneden
- Olie om te koken

ROUTEBESCHRIJVING
a) Om het deeg te maken, meng je de suiker, gist en warm water in een kom, meng tot de gist is gesmolten, meng nu 1 eetlepel plantaardige olie en zout, meng goed.
b) Roer de bloem erdoor en meng tot een deeg, laat het, zodra het glad is, 1 ¼ uur rusten om te rijzen, druk tijdens het rijzen alle lucht eruit, dek af en zet opzij.
c) Kook ondertussen een pan met water en kook de noedels, roer af en toe en kook gedurende 6 minuten met een deksel erop.

d) Verfris onder koud water als ze gaar zijn en laat ze uitlekken.
e) Snijd ze in stukjes van $\frac{1}{4}$ inch met een schaar.
f) Voeg 1 eetlepel olie toe aan een grote koekenpan of wok en bak de noedels 1 minuut, voeg nu suiker, sojasaus en zwarte peper toe, al roerend.
g) Voeg de bieslook, wortel en ui toe en meng goed door elkaar.
h) Haal van het vuur als je klaar bent.
i) Doe vervolgens 1 eetlepel olie in een andere koekenpan en verwarm. Zodra het heet is, zet je het vuur middelhoog.
j) Vet je hand in met olie, neem een half kopje deeg en druk het plat, rond.
k) Voeg nu wat vulling toe en vouw de randen op tot een bal, zodat de randen dicht zijn.
l) Plaats het in de koekenpan met het afgedichte uiteinde naar beneden, kook gedurende 30 seconden, draai het dan om en druk het samen zodat het ongeveer 10 cm rond wordt, doe dit met een spatel.
m) Kook nog 2-3 minuten, totdat het geheel knapperig en goudbruin wordt.
n) Leg het deeg op keukenpapier om overtollig vet te verwijderen en herhaal met de rest van het deeg.
o) Serveer warm.

33. Eierbrood

Bereidingstijd: 10 minuten
Kooktijd: 15 minuten
Porties: 3 personen

INGREDIËNTEN
- 3 eetlepels suiker
- 1 theelepel bakpoeder
- 1 eetlepel ongezouten boter, gesmolten
- ½ kopje bloem voor alle doeleinden
- Een snufje zout
- ½ theelepel vanille-extract
- 4 eieren
- 1 stokje mozzarellakaas, in 6 stukken gesneden
- ½ kopje melk
- 1 theelepel bakolie

ROUTEBESCHRIJVING
a) Meng het zout, de bloem, de suiker, de boter, de vanille, 1 ei, het bakpoeder en de melk en klop tot een gladde massa
b) Verwarm de kachel tot 400°F en vet 3 kleine broodvormen in met olie. De vormen moeten ongeveer 10 x 2 x 1,5 cm groot zijn.
c) Giet het beslag gelijkmatig in de bakvormen en vul ze voor de helft.
d) Plaats 2 stukjes kaas in het mengsel langs de buitenkant en laat het midden vrij.
e) Breek vervolgens 1 ei in het midden van elk blikje.
f) Kook in de oven, gebruik het middelste rek gedurende 13-15 minuten, afhankelijk van hoe u uw gekookte eieren wilt hebben.
g) Neem het wanneer het klaar is en serveer het warm.

34. Warme en Pittige Rijstcake

Bereidingstijd: 10 minuten

Kooktijd: 30 minuten
Porties: 4-6 personen

INGREDIËNTEN
- 4 kopjes water
- 6 x 8-inch gedroogde kelp
- 1 pond cilindervormige rijstwafel
- 7 grote ansjovis, schoongemaakt
- ⅓ kopje Koreaans-Amerikaanse hete peperpasta
- 3 lente-uitjes, in stukken van 3 inch gesneden
- 1 eetlepel suiker
- ½ pond viskoekjes
- 1 eetlepel hete pepervlokken
- 2 hardgekookte eieren

ROUTEBESCHRIJVING
a) Doe de kelp en de ansjovis in een ondiepe pan met water en verwarm, kook gedurende 15 minuten zonder deksel.
b) Meng de pepervlokken in een kleine kom en meng ze met de suiker.
c) Haal de zeewier en de ansjovis uit de pan en doe de rijstwafel, het pepermengsel, de bosuitjes, de eieren en de viskoekjes erbij.
d) De bouillon moet ongeveer 2 ½ kopje zijn.
e) Terwijl het begint te koken, meng je het voorzichtig en laat je het 14 minuten indikken, nu moet het er glanzend uitzien.
f) Voeg eventueel wat extra water toe als de rijstwafel niet gaar is en kook nog even door.
g) Eenmaal klaar, zet het vuur uit en serveer.

35. Koreaans-Amerikaanse zeevruchtenpannenkoeken

Voorbereidingstijd: 15 minuten
Kooktijd: 10 minuten
Porties: 4-6 personen

INGREDIËNTEN
VOOR DE PANNENKOEKEN
- 2 middelgrote eieren
- 2 kopjes pannenkoekenmix, Koreaans-Amerikaans
- ½ theelepel zout
- 1 ½ kopje water
- 2 ons mosselen
- 12 middelgrote lente-uiwortels, gesneden
- 2 ons inktvis
- ¾ kopje plantaardige olie
- 2 ons garnalen, schoongemaakt en ontdaan van darmen
- 4 middelgrote chilipepers, schuin gesneden

VOOR DE SAUS
- 1 eetlepel azijn
- 1 eetlepel sojasaus
- 4 middelgrote chilipepers, schuin gesneden
- ¼ theelepel knoflook
- 1 eetlepel water

ROUTEBESCHRIJVING
a) Voeg wat zout toe aan een kom water en was de zeevruchten, laat ze uitlekken en zet ze apart.
b) Meng vervolgens in een aparte kom het water, de rode en groene pepers, de sojasaus, de knoflook en de azijn en zet opzij.
c) Klop in een andere kom de eieren, het pannenkoekenmengsel, het koude water en het zout tot een romig mengsel.
d) Zet een koekenpan op, licht invetten en verwarmen.

e) Gebruik een maatbeker van ½ kopje en giet het mengsel in de hete koekenpan.
f) Draai rond om het mengsel gelijkmatig te maken, plaats nu 6 stukjes lente-uitjes erop, voeg de chilipepers en zeevruchten toe.
g) Druk het voedsel lichtjes in de pannenkoek en voeg nog een ½ kopje van het mengsel eroverheen.
h) Kook tot de bodem goudbruin is, ongeveer 5 minuten.
i) Draai de pannenkoek nu voorzichtig om, voeg een beetje olie toe aan de rand en bak nog eens 5 minuten.
j) Als je klaar bent, draai je om en haal je het uit de koekenpan.
k) Doe hetzelfde met het resterende beslag.

36. <u>Veganistische Bulgogi-sandwich</u>

Bereidingstijd: 20 minuten
Kooktijd: 5-8 minuten
Porties: 4 personen

INGREDIËNTEN
- ½ middelgrote ui, in plakjes gesneden
- 4 kleine hamburgerbroodjes
- 4 rode slablaadjes
- 2 kopjes sojakrullen
- 4 plakjes veganistische kaas
- Biologische mayonaise

VOOR DE MARINADE
- 1 eetlepel sesamolie
- 2 eetlepels sojasaus
- 1 theelepel sesamzaadjes
- 2 eetlepels agave of suiker
- ½ theelepel gemalen zwarte peper
- 2 lente-uitjes, gehakt
- ½ Aziatische peer, indien gewenst in blokjes gesneden
- ½ eetlepel witte wijn
- 1-2 groene Koreaans-Amerikaanse chilipepers, in blokjes gesneden
- 2 teentjes knoflook, geperst

ROUTEBESCHRIJVING
a) Maak de sojakrullen volgens de instructies op de verpakking.
b) Plaats vervolgens de volledige ingrediënten voor de marinade samen in een grote kom en meng tot de saus.
c) Verwijder het water uit de sojakrullen door zachtjes te knijpen.
d) Voeg krullen met de gesneden ui toe aan het marinademengsel en bestrijk ze helemaal.

e) Voeg 1 eetlepel olie toe aan de hete koekenpan, voeg dan het hele mengsel toe en bak 5 minuten, tot de uien en krullen goudbruin zijn en de saus dikker wordt.
f) Rooster ondertussen de hamburgerbroodjes met de kaas op het brood.
g) Smeer de mayonaise erover, gevolgd door de krulmix en eindig met een blaadje sla erop.

37. Koreaans-Amerikaanse spek- en eiercake

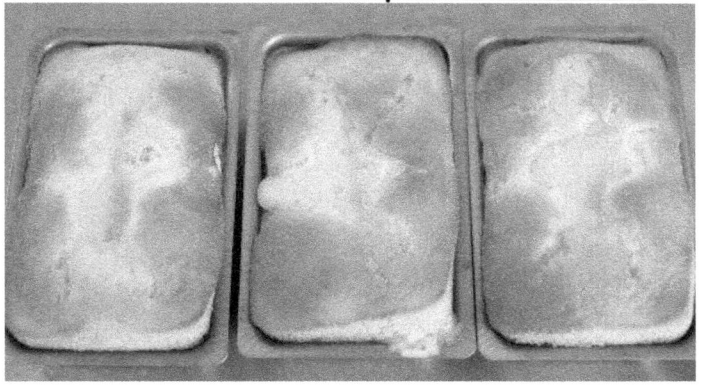

Bereidingstijd: 25 minuten
Kooktijd: 15 minuten
Porties: 6 personen

INGREDIËNTEN
Voor het brood
½ kopje melk
¾ kopje zelfrijzend bakmeel of meerbloem met ¼ theelepel bakpoeder
4 theelepels suiker
1 ei
1 theelepel boter of olijfolie
¼ theelepel zout
¼ theelepel vanille-essence
Voor de vulling
1 plakje spek
Zout naar smaak
6 eieren

ROUTEBESCHRIJVING
1. Verwarm de kachel tot 375°F.
2. Meng het geheel met een kom, ¼ theelepel zout, bloem en 4 theelepels suiker.
3. Breek het ei in het mengsel en meng goed.
4. Giet de melk er langzaam bij, kleine beetjes tegelijk, totdat het dik wordt.
5. Vet een bakvorm in en plaats het bloemmengsel over de vorm en vorm er 6 ovalen van. U kunt ook cakepapieren vormpjes gebruiken.
6. Maak bij het vormgeven kleine inkepingen in elk gaatje en breek een ei in elk gaatje of bovenop elk cakevormpje.

7. Snijd de spekjes in stukjes en strooi ze erover. Als je peterselie bij de hand hebt, voeg dan ook een beetje toe.
8. Kook gedurende 12-15 minuten.
9. Haal het eruit en geniet ervan.

38. Koreaans-Amerikaanse curryrijst

Bereidingstijd: 20 minuten
Kooktijd: 30 minuten
Porties: 4 personen

INGREDIËNTEN
- 1 middelgrote wortel, geschild en in blokjes gesneden
- 7 ons rundvlees, in blokjes gesneden
- 2 uien, gehakt
- 2 aardappelen, geschild en in blokjes
- ½ theelepel knoflookpoeder
- Kruiden naar smaak
- 1 middelgrote courgette, in blokjes gesneden
- Plantaardige olie om te koken
- 4 ons currysausmix

ROUTEBESCHRIJVING
a) Doe een beetje olie in een wok of diepe koekenpan en verwarm.
b) Breng het vlees op smaak, doe de olie erbij, roer en laat 2 minuten koken.
c) Voeg vervolgens de uien, aardappelen, knoflookpoeder en wortels toe, bak nog 5 minuten en voeg dan de courgette toe.
d) Giet er 3 kopjes water bij en verwarm tot het begint te koken.
e) Zet het vuur laag en kook op laag vuur gedurende 15 minuten.
f) Voeg langzaam de currymix toe totdat deze dik wordt.
g) Schep de rijst erover en geniet ervan.

39. Zebra-loempia

<u>**Voorbereidingstijd: minuten**</u>
Kooktijd: minuten
Porties: 1 persoon

INGREDIËNTEN
- ¼ theelepel zout
- 3 eieren
- Olie om te koken
- 1 eetlepel melk
- 1 vel zeewier

ROUTEBESCHRIJVING
a) Breek het vel zeewier in stukjes.
b) Breek nu de eieren in een kom en voeg het zout met de melk toe, klop door elkaar.
c) Zet een koekenpan op het vuur en verwarm met een beetje olie, het is beter als je een pan met antiaanbaklaag hebt.
d) Giet er voldoende ei in om de bodem van de pan net te bedekken en bestuif met het zeewier.
e) Zodra het ei half gekookt is, rolt u het op en duwt u het naar de zijkant van de koekenpan.
f) Vervolgens indien nodig opnieuw invetten en het vuur aanpassen als het te heet is, nog een dunne laag ei erin leggen en opnieuw bestrooien met het zaad, nu de eerste over de ene pan rollen en aan de andere kant van de pan leggen.
g) Herhaal dit tot het ei op is.
h) Draai op een bord en snijd.

40. Koreaans-Amerikaanse walnoottaarten met fornuis

Bereidingstijd: 10 minuten
Kooktijd: 10 minuten
Porties: 12 personen

INGREDIËNTEN
- 1 blik azuki rode bonen
- 1 kopje pannenkoekenmix of wafelmix
- 1 theelepel vanille-extract
- 1 eetlepel suiker
- 1 pakje walnoten

ROUTEBESCHRIJVING
a) Maak de pannenkoekenmix volgens de aanwijzingen op de verpakking met de extra suiker.
b) Zodra het mengsel klaar is, doe je het in een bakje met een tuit.
c) Als je geen cakevormpjes hebt, kun je ook muffinvormpjes gebruiken. Verwarm ze op een lage stand op het vuur, ze branden dan op de hoogste stand.
d) Voeg het mengsel toe aan het eerste blik, maar vul het pas voor de helft.
e) Voeg snel 1 walnoot en 1 theelepel rode bonen toe en doe de rest van het mengsel in het andere blik.
f) Draai vervolgens het eerste blik om over het tweede blik, plaats de vormen op één lijn en laat nog eens 30 seconden koken. Zodra het tweede blik gaar is, haalt u het van het vuur.
g) Haal nu het bovenste bakblik eraf en plaats de cakes op de serveerschaal.

41. Straat Toast Sandwich

Voorbereidingstijd: 15 minuten
Kooktijd: 8 minuten
Porties: 2 personen

INGREDIËNTEN
- ⅔ kopje kool, in dunne reepjes gesneden
- 4 sneetjes witbrood
- 1 eetlepel gezouten boter
- ⅛ kopje wortels, in dunne reepjes gesneden
- 2 eieren
- ¼ theelepel suiker
- ½ kopje komkommer, in dunne plakjes gesneden
- Ketchup naar smaak
- 1 eetlepel bakolie
- Mayonaise naar smaak
- ⅛ theelepel zout

ROUTEBESCHRIJVING
a) Breek in een grote kom de eieren met het zout en voeg vervolgens de wortels en de kool toe en meng alles.
b) Doe de olie in een diepe koekenpan en verwarm.
c) Voeg de helft van het mengsel toe aan de koekenpan en maak er 2 broodvormen van, houd ze gescheiden.
d) Voeg nu het resterende eiermengsel toe over de 2 in de koekenpan, dit geeft een mooie vorm.
e) Kook gedurende 2 minuten, draai dan om en kook nog eens 2 minuten.
f) Los de helft van de boter op in een aparte pan, doe er, als het heet is, twee sneetjes brood in en draai ze om zodat beide kanten de boter absorberen. Blijf koken tot het aan beide kanten goudbruin is, ongeveer 3 minuten.
7. Herhaal met de andere 2 plakjes.

8. Eenmaal gekookt, plaats het op de serveerschalen en voeg aan elk de helft van de suiker toe.
9. Neem het gebakken eiermengsel en leg het op het brood.
10. Voeg de komkommer toe en doe de ketchup en mayonaise erop.
11. Leg het andere sneetje brood erop en snijd het in tweeën.

42. Gefrituurde Groenten

Voorbereidingstijd: minuten
Kooktijd: minuten
Porties: 15 personen

INGREDIËNTEN
- 1 verse rode chilipeper, van boven naar beneden doormidden gesneden
- 1 grote wortel geschild en in ⅛ reepjes gesneden
- 2 bosjes enoki-paddenstoelen, gescheiden
- 1 courgette, in ⅛ reepjes gesneden
- 4 lente-uitjes, in stukken van 2 inch gesneden
- 6 teentjes knoflook, in dunne plakjes gesneden
- 1 middelgrote zoete aardappel, in reepjes gesneden
- 1 middelgrote aardappel, in reepjes gesneden
- Plantaardige olie om te frituren

VOOR HET BESLAG
- ¼ kopje maizena
- 1 kopje bloem voor alle doeleinden
- 1 ei
- ¼ kopje rijstmeel
- 1 ½ kopje ijskoud water
- ½ theelepel zout

VOOR DE SAUS
- 1 teentje knoflook
- ½ kopje sojasaus
- 1 lente-ui
- ½ theelepel rijstazijn
- ¼ theelepel sesamolie
- 1 theelepel bruine suiker

ROUTEBESCHRIJVING
a) Zet een pan met water aan de kook.

b) Doe de wortelen en beide aardappelsoorten in het water, haal van het vuur en laat 4 minuten staan. Haal vervolgens uit het water, spoel af, laat uitlekken en droog met keukenpapier.
c) Meng de lente-uitjes, courgette, knoflook en rode paprika in een kom en meng goed.
d) Meng voor het beslag alle droge ingrediënten.
e) Klop nu het water en de eieren door elkaar, voeg dan de droge ingrediënten toe en meng goed tot een beslag.
f) Maak vervolgens de saus door de suiker, azijn, soja en sesamolie met elkaar te kloppen.
g) Snijd de lente-ui en de knoflook fijn en roer ze door het sojamengsel.
h) Voeg voldoende olie toe aan een wok of diepe koekenpan, de olie moet ongeveer 7,5 cm diep zijn.
i) Zodra de olie heet is, haal je de groenten door het beslag, laat je het overtollige mengsel wegdruipen en bak je ze 4 minuten.
j) Laat ze uitlekken en droog ze op keukenpapier als ze klaar zijn.
k) Serveer met de saus.

DESSERTS

43. Zoete Koreaans-Amerikaanse pannenkoeken

Bereidingstijd: 25 minuten
Kooktijd: 6 minuten
Porties: 8 personen

INGREDIËNTEN
1 eetlepel kristalsuiker
1 ¾ kopjes broodmeel
2 ¼ theelepel instantgist
1 ¼ kopjes zoet rijstmeel
1 eetlepel plantaardige olie
1 theelepel zout
5 eetlepels olie, om te frituren
1 ½ kopje lauwe melk
Voor de vulling
1 theelepel kaneel
⅔ kopje bruine suiker
2 eetlepels fijngehakte noten, naar keuze

ROUTEBESCHRIJVING
1. Meng in een grote kom de gist, de bloem, de suiker en het zout en meng goed.
2. Doe nu 1 eetlepel olie in de melk en roer het door het droge mengsel, klop gedurende 2 minuten, plaats een doek erover en laat 60 minuten in de kamer rusten.
3. Zodra het in omvang is verdubbeld, slaat u het terug en laat u het opnieuw 15 minuten rusten.
4. Meng ondertussen de **INGREDIËNTEN VOOR DE VULLING** en zet ze opzij.
5. Verdeel het deegmengsel in 8 stukken, vet je handen in en plaats 1 stuk per keer in je hand en druk het naar beneden tot een schijf van ongeveer 10 cm breed.

6. Voeg in het midden 1 $\frac{1}{2}$ eetlepel suikermengsel toe, vouw nu de randen naar het midden toe en druk dicht.
7. Voeg de olie toe aan de koekenpan en verwarm op een middelmatige tot lage stand.
8. Plaats de bal in de hete olie met de afgedichte kant naar beneden en druk hem vervolgens plat, hiervoor kun je een spatel gebruiken.
9. Als je gaten ontdekt, gebruik dan een beetje deeg om ze te dichten.
10. Kook gedurende 3 minuten, zodra ze knapperig zijn, draai ze om en bak nog eens 3 minuten.
11. Haal het eruit als het goudbruin is.
12. Laat iets afkoelen voordat je het eet, het suikercentrum is heet.

44. Koreaans-Amerikaanse honinggepocheerde peren

Voorbereidingstijd: 5 minuten
Kooktijd: 20 minuten
Porties: 4 personen

INGREDIËNTEN
- ½ ounce verse gember, geschild en in dunne plakjes gesneden
- 1 pond Koreaans-Amerikaanse peren, geschild
- 24 zwarte peperkorrels
- 3 kopjes water
- 2 eetlepels suiker of honing
- Pijnboompitten om af te werken indien gewenst

ROUTEBESCHRIJVING
a) Doe het water in een pan en voeg de gember toe, verwarm tot het kookt en laat 6-8 minuten staan.
b) Snijd ondertussen de peren in 8 partjes.
c) Duw nu 3 peperkorrels in elk partje peer, zorg ervoor dat ze er precies in gaan en er niet uit vallen.
d) Haal de gember uit het water, doe de suiker of honing en de peren erbij en laat 10 minuten koken.
e) Eenmaal klaar, uitnemen en afkoelen, en vervolgens in de koelkast zetten om af te koelen.
f) Serveer koud of kan desgewenst warm worden geserveerd, eventueel bestrooien met noten.

45. Koreaans-Amerikaanse melkijssorbet

Voorbereidingstijd: 3 minuten
Kooktijd: 3 minuten
Porties: 2 personen

INGREDIËNTEN
- 2 eetlepels mini-mochi-rijstwafels
- 2 schepjes gezoete rode bonenpasta
- 4 theelepels Koreaans-Amerikaans meergranenpoeder
- 2-3 stuks Koreaans-Amerikaanse kleefrijstwafels, bedekt met geroosterd sojabonenpoeder, in blokjes van ¾ inch gesneden
- 4 theelepels natuurlijke amandelvlokken
- Voor het ijs
- 2 eetlepels gecondenseerde melk, gezoet
- 1 kopje melk

ROUTEBESCHRIJVING
a) Meng de gecondenseerde melk en de melk in een kopje met een lipje om uit te schenken.
b) Plaats het mengsel in een ijsbakje en vries het in tot het ijsblokken worden, ongeveer 5 uur.
c) Eenmaal uitgehard, verwijdert u ze en plaatst u ze in een blender, of als u ze kunt scheren, pulseert u tot een gladde massa.
d) Plaats alle ingrediënten in een serveerschaal die gekoeld is.
e) Doe 3 eetlepels sorbet in de bodem en bestuif vervolgens met 1 theelepel meergranenpoeder.
f) Voeg vervolgens nog eens 3 eetlepels sorbet toe, gevolgd door nog meer graanpoeder.
g) Leg nu de rijstwafels en de bonenpasta erop.
h) Bestrooi met amandelen en serveer.

46. Koreaans-Amerikaanse rijstcakespiesjes

Bereidingstijd: 10 minuten
Kooktijd: 10 minuten
Porties: 4 personen

INGREDIËNTEN
VOOR DE BELANGRIJKSTE
- Olie om te koken
- 32 stuks Koreaans-Amerikaanse rijstwafels
- 2 eetlepels gemalen noten, naar keuze of sesamzaadjes

VOOR DE SAUS
- 1 eetlepel honing
- 1 ½ eetlepel tomatensaus
- 1 theelepel donkerbruine suiker
- 1 eetlepel Koreaans-Amerikaanse chilipasta
- ½ eetlepel sojasaus
- ¼ theelepel gehakte knoflook
- 1 theelepel sesamolie

ROUTEBESCHRIJVING
a) Voeg de rijstwafels toe aan kokend water om ze slechts 30 seconden zacht te maken, spoel ze daarna af onder koud water en laat ze uitlekken.
b) Droog ze met keukenpapier van overtollig water.
c) Zet een tweede pan op het vuur en voeg de sausingrediënten toe , verwarm en roer om de suiker of honing te laten smelten, blijf roeren om aanbranden te voorkomen, haal het eraf als het dik is.
d) Prik de cakes op een spies en zorg ervoor dat deze in de koekenpan past.
e) Verhit een beetje olie in een koekenpan, zodra deze heet is, plaats je deze op de spiesjes en bak je ze 1 minuut.
f) Haal het eruit en bestrijk het geheel met de saus.
g) Werk af met sesamzaadjes of noten.

47. Koreaans-Amerikaanse Aardbei Kiwi Roll Cake

Voorbereidingstijd: 30 minuten
Kooktijd: 15 minuten
Porties: 8 personen

INGREDIËNTEN
- 1 kopje suiker
- 11 eetlepels bloem voor alle doeleinden
- 1 eetlepel water
- 6 grote eieren
- 1 eetlepel heet water
- 2 kopjes zware room
- 3 eetlepels plantaardige olie
- 1 theelepel vanille-extract
- 1 kopje aardbeien, gehakt
- 2 eetlepels honing
- 1 kopje kiwi, gehakt

ROUTEBESCHRIJVING
a) Verwarm de kachel tot 375°F en plaats perkamentpapier op een bakplaat van 16×11.
b) Giet de bloem door een zeef in een mengkom.
c) Klop het eiwit gedurende 60 seconden tot het schuimig is, voeg dan langzaam de suiker toe en klop tot het pieken bereikt. Als je een elektrische mixer hebt, zou dit beter zijn.
d) Voeg vervolgens voorzichtig de dooiers één voor één toe, kloppend gedurende 60 seconden tussen het toevoegen, zodra ze allemaal aanwezig zijn, voeg het water en de olie toe en klop opnieuw gedurende 10 seconden.
e) Meng nu langzaam de bloem erdoor en meng goed door elkaar.

f) Voeg het cakemengsel toe aan de bakplaat en laat de bakplaat een paar keer vallen om eventuele lucht eruit te slaan.
g) Kook in de oven gedurende 12-15 minuten.
h) Als je klaar bent, haal je het bakpapier eruit en leg je het erop. Haal het papier dan uit de basis en plaats het op een koelrek.
i) Terwijl het nog warm is, rol je het op met bakpapier en laat je het in de cakerol zitten.
j) Laat het nog eens 10 minuten afkoelen.
k) Terwijl je wacht, meng je de honing en het water en zet je het opzij.
l) Klop de room met de vanille en de rest van de suiker tot er pieken ontstaan.
m) Neem vervolgens de cake en rol hem uit, haal het papier eruit en knip het ene uiteinde schuin af, voor een afgewerkt uiterlijk.
n) Smeer de honing over de cake, gevolgd door de room.
o) Voeg de kiwi en de aardbeien toe, rol het op en houd het rond door bakpapier langs de buitenkant te plaatsen.
p) Laat het 20 minuten in de koelkast staan, zodat het zijn vorm behoudt.
q) Neem een plakje en serveer.

48. Koreaans-Amerikaans Yakwa-dessert

Bereidingstijd: 25 minuten

Kooktijd: 35 minuten
Porties: 6-8 personen

INGREDIËNTEN
- ¼ kopje soju
- 2 ¼ kopjes banketmeel of medium eiwitmeel
- ¼ kopje honing
- ¼ kopje sesamolie
- 1 theelepel bakpoeder
- 2 eetlepels gehakte pijnboompitten
- ⅛ theelepel zout
- 2 eetlepels gesmolten boter
- ¼ theelepel zuiveringszout
- Voor de siroop
- 2 kopjes water
- 1 kopje rijstsiroop
- 1 eetlepel vers geraspte gember
- 1 kopje honing

ROUTEBESCHRIJVING
a) Verwarm de kachel tot 250⌗F.
b) Doe het zout, baksoda, poeder en bloem in een kom en meng het door elkaar.
c) Voeg nu de sesamolie toe en gebruik je handen om alles te mengen.
d) Meng de honing en de soju in een kleinere kom, voeg het toe aan het deegmengsel en meng het voorzichtig door.
e) Zodra je het deeg hebt, verdeel je het in 2 stukken.
f) Leg 1 helft op een werkblad en rol uit tot een rechthoek van ¼ inch dik.
g) Snijd in stukken van 1 x 1 inch of kan diagonaal worden gesneden om diamanten te vormen.

h) Maak met een vork gaten in de bovenkant en bestrijk de bovenkant met boter.
i) Leg het op een bakplaat en bak het in de oven gedurende 15 minuten.
j) Voeg intussen de honing, het water en de rijstsiroop toe aan een pan of koekenpan en breng al roerend aan de kook. Zet dan het vuur uit en roer de gember erdoor en laat het even staan.
k) Zet de kachel hoger op 300°F en nog eens 10 minuten.
l) Zet nu voor de laatste keer het vuur op 350°F en kook nog eens 7 minuten, of tot het goudbruin wordt.
m) Zodra u ze eruit haalt, doet u ze meteen in de siroop en laat u ze een half uur staan, hoe langer hoe beter.
n) Bij het serveren eruit halen en bestrooien met pijnboompitten.

49. Koreaans-Amerikaanse tapiocapudding

Voorbereidingstijd: minuten
Kooktijd: minuten
Porties: 6 personen

INGREDIËNTEN
2 ½ grote eidooiers
3 kopjes volle melk
¼ kopje suiker
⅓ kopje kleine tapiocaparels
1 vanilleboon
¼ theelepel puur vanille-extract
3 eetlepels Koreaans-Amerikaanse honing-citroenthee
½ theelepel zout

ROUTEBESCHRIJVING
1. Doe de melk in een houder voor 4 kopjes, doe ¾ kopje in een pan met dikke bodem en doe de tapioca erbij, laat 60 minuten staan.
2. Klop de eidooiers, de suiker en het zout door elkaar, snijd het vanillezaadje open en verwijder de zaadjes, doe deze in de 4-kopshouder.
3. Als de tapioca klaar is, meng je het custardmengsel erdoor en zet je het op het vuur tot het kookt. Vergeet niet te roeren.
4. Zodra het kookt, zet je het vuur laag en laat je het 20 minuten sudderen.
5. Haal van het vuur en meng het vanille-extract met de Koreaans-Amerikaanse thee.
6. Serveer als je klaar bent.

50. Koreaans-Amerikaanse pittige rijstcake

Voorbereidingstijd: minuten
Kooktijd: minuten
Porties: 1 persoon

INGREDIËNTEN
- 2 theelepels suiker
- 1 kop rijstwafel
- 1 theelepel sojasaus
- 2 theelepels Koreaans-Amerikaanse pittige bonenpasta
- Sesamzaadjes voor de afwerking
- ¾ kopje water

ROUTEBESCHRIJVING
a) Doe het water met de bonenpasta en de suiker in een pan en verwarm tot het kookt.
b) Voeg nu de rijstwafel toe, zet het vuur lager en laat 10 minuten op laag vuur koken.
c) Serveer als het klaar is.

51. <u>Gebakken peren in wontonchips en honing, kaneel-mascarpone</u>

Bereidingstijd: 20 minuten
Kooktijd: 45 minuten
Porties: 4 personen

INGREDIËNTEN
- ½ theelepel gemalen kaneel, verdeeld
- 2 Koreaans-Amerikaanse peren
- ½ kopje plus 1 eetlepel honing, verdeeld
- 4 - 6×6 wontonvellen
- ¼ kopje mascarpone
- 1 ½ eetlepel gesmolten ongezouten boter

ROUTEBESCHRIJVING
a) Verwarm de kachel tot 375°F en bekleed een bakplaat met bakpapier.
b) Snijd een halve centimeter van de onderkant en bovenkant van de peer.
c) Schil ze nu en snij ze horizontaal doormidden, haal de zaadjes eruit
d) Leg de wikkels op een droge, vlakke ondergrond, doe de halve peer in elke wikkel, bestrooi met kaneel en strooi er ongeveer 1 eetlepel honing over.
e) Til de hoeken op en plak ze af met de honing.
f) Leg deze op de bakplaat en bak ze 45 minuten in de oven. Als het deeg te veel kleurt, dek het dan af met een beetje aluminiumfolie.
g) Meng de rest van de honing, kaneel en mascarpone tot een glad mengsel.
h) Serveer de pakketjes met de mascarpone.

52. Gezonde zoete rijstwafel

Voorbereidingstijd: minuten
Kooktijd: minuten
Porties: 10 personen

INGREDIËNTEN
- ½ kopje gedroogde kabocha of ander soort pompoen
- 1 kopje geweekte zwarte sojabonen
- 10 kastanjes, in vieren
- 12 gedroogde dadels
- ½ kopje walnoten, in vieren
- ⅓ kopje amandelmeel
- 5 kopjes bevroren nat zoet rijstmeel, ontdooid
- 3 eetlepels suiker

ROUTEBESCHRIJVING
a) Was de pompoenrehydrate met een eetlepel water, voeg indien nodig meer toe om hem zacht te maken.
b) Meng in een grote kom de suiker, het amandelmeel en het rijstmeel en meng goed.
c) Voeg nu 2 eetlepels water toe en wrijf met je handen tegen elkaar, probeer het klontervrij te maken.
d) Meng vervolgens de overige ingrediënten erdoor en roer door elkaar.
e) Plaats een stoompan op het fornuis en gebruik een natte doek om de mand te bekleden.
f) Voeg het mengsel toe met een grote lepel en strijk het glad, leg een doek erover en stoom gedurende ½ uur.
g) Haal het eruit als het klaar en afgekoeld is, zodra je het aankan, draai het om en draai het om op een werkoppervlak.
h) Haal de doek eraf en knip en vorm er serveerdrankjes van.

WARME LUNCH

53. Burrito-kommen met kip

INGREDIËNTEN
Chipotle-roomsaus
- ½ kopje magere Griekse yoghurt
- 1 chipotle peper in adobosaus, fijngehakt, of meer naar smaak
- 1 teentje knoflook, fijngehakt
- 1 eetlepel vers geperst limoensap

Burrito-kom
- ⅔ kopje bruine rijst
- 1 eetlepel olijfolie
- 1 pond gemalen kip
- ½ theelepel chilipoeder
- ½ theelepel knoflookpoeder
- ½ theelepel gemalen komijn
- ½ theelepel gedroogde oregano
- ¼ theelepel uienpoeder
- ¼ theelepel paprikapoeder
- Kosjer zout en versgemalen zwarte peper, naar smaak
- 1 (15 ounce) blik zwarte bonen, uitgelekt en gespoeld
- 1 ¾ kopjes maïskorrels (bevroren, ingeblikt of geroosterd)
- ½ kopje pico de gallo (zelfgemaakt of in de winkel gekocht)

ROUTEBESCHRIJVING
a) VOOR DE CHIPOTLE ROOMSAUS: Klop de yoghurt, chipotle peper, knoflook en limoensap door elkaar. Dek af en bewaar maximaal 3 dagen in de koelkast.

b) Kook de rijst volgens de instructies op de verpakking in een grote pan met 2 kopjes water; opzij zetten.

c) Verhit de olijfolie in een grote soeppan of Nederlandse oven op middelhoog vuur. Voeg de gemalen kip, chilipoeder, knoflookpoeder, komijn, oregano, uienpoeder en paprika toe; Breng op smaak met zout en peper. Kook tot de kip bruin is,

3 tot 5 minuten, en zorg ervoor dat de kip tijdens het koken verkruimelt; overtollig vet afvoeren.

d) Verdeel de rijst in maaltijdbereidingsbakjes. Bestrijk met gemalen kipmengsel, zwarte bonen, maïs en pico de gallo. In de koelkast afgedekt 3 tot 4 dagen houdbaar. Besprenkel met chipotle-roomsaus. Garneer eventueel met koriander en limoenpartje en serveer. Opwarmen in de magnetron met tussenpozen van 30 seconden tot het is opgewarmd.

54. Kip tikka masala

INGREDIËNTEN
- 1 kop basmatirijst
- 2 eetlepels ongezouten boter
- 1 ½ pond kippenborsten zonder botten, zonder vel, in stukjes van 1 inch gesneden
- Kosjer zout en versgemalen zwarte peper, naar smaak
- 1 ui, in blokjes gesneden
- 2 eetlepels tomatenpuree
- 1 eetlepel vers geraspte gember
- 3 teentjes knoflook, fijngehakt
- 2 theelepels garam masala
- 2 theelepels chilipoeder
- 2 theelepels gemalen kurkuma
- 1 (28-ounce) blikje tomatenblokjes
- 1 kopje kippenbouillon
- ⅓ kopje slagroom
- 1 eetlepel vers citroensap
- ¼ kopje gehakte verse korianderblaadjes (optioneel)
- 1 citroen, in partjes gesneden (optioneel)

ROUTEBESCHRIJVING
a) Kook de rijst volgens de instructies op de verpakking in een grote pan met 2 kopjes water; opzij zetten.
b) Smelt de boter in een grote koekenpan op middelhoog vuur. Breng de kip op smaak met zout en peper. Voeg de kip en de ui toe aan de koekenpan en kook, af en toe roerend, tot ze goudbruin zijn, 4 tot 5 minuten. Roer de tomatenpuree, gember, knoflook, garam masala, chilipoeder en kurkuma erdoor en kook tot alles goed gemengd is, 1 tot 2 minuten. Roer de in blokjes gesneden tomaten en kippenbouillon erdoor. Breng aan de kook; Zet het vuur lager en laat, onder

af en toe roeren, ongeveer 10 minuten sudderen tot het iets ingedikt is.
c) Roer de room, het citroensap en de kip erdoor en kook tot het warm is, ongeveer 1 minuut.
d) Doe het rijst- en kipmengsel in maaltijdbereidingscontainers. Garneer eventueel met koriander en een schijfje citroen en serveer. In de koelkast afgedekt 3 tot 4 dagen houdbaar. Opwarmen in de magnetron met tussenpozen van 30 seconden tot het is opgewarmd.

55. Griekse kippenschalen

INGREDIËNTEN
Kip en rijst
- 1 pond kipfilets zonder botten, zonder vel
- ¼ kopje plus 2 eetlepels olijfolie, verdeeld
- 3 teentjes knoflook, fijngehakt
- Sap van 1 citroen
- 1 eetlepel rode wijnazijn
- 1 eetlepel gedroogde oregano
- Kosjer zout en versgemalen zwarte peper, naar smaak
- ¾ kopje bruine rijst

Komkommer salade
- 2 Engelse komkommers, geschild en in plakjes gesneden
- ½ kopje dun gesneden rode ui
- Sap van 1 citroen
- 2 eetlepels extra vergine olijfolie
- 1 eetlepel rode wijnazijn
- 2 teentjes knoflook, geperst
- ½ theelepel gedroogde oregano

Tzatziki-saus
- 1 kopje Griekse yoghurt
- 1 Engelse komkommer, fijngesneden
- 2 teentjes knoflook, geperst
- 1 eetlepel gehakte verse dille
- 1 theelepel geraspte citroenschil
- 1 eetlepel vers geperst citroensap
- 1 theelepel gehakte verse munt (optioneel)
- Kosjer zout en versgemalen zwarte peper, naar smaak
- 2 eetlepels extra vergine olijfolie
- 1 ½ pond kerstomaatjes, gehalveerd

ROUTEBESCHRIJVING
a) VOOR DE KIP: Meng in een ritssluitingszak van gallonformaat de kip, ¼ kopje olijfolie, de knoflook,

citroensap, azijn en oregano; Breng op smaak met zout en peper. Marineer de kip minimaal 20 minuten of maximaal 1 uur in de koelkast, waarbij u de zak af en toe omdraait. Giet de kip af en gooi de marinade weg.
b) Verhit de resterende 2 eetlepels olijfolie in een grote koekenpan op middelhoog vuur. Voeg de kip toe en kook, één keer omdraaien, tot hij gaar is, 3 tot 4 minuten per kant. Laat afkoelen voordat je het in hapklare stukjes snijdt.
c) Kook de rijst in een grote pan met 2 kopjes water volgens de instructies op de verpakking.
d) Verdeel de rijst en de kip in maaltijdbereidingsbakjes. In de koelkast afgedekt maximaal 3 dagen houdbaar.
e) VOOR DE KOMKOMSALADE: Combineer de komkommers, ui, citroensap, olijfolie, azijn, knoflook en oregano in een kleine kom. Dek af en bewaar maximaal 3 dagen in de koelkast.
f) VOOR DE TZATZIKI-SAUS: Combineer de yoghurt, komkommer, knoflook, dille, citroenschil en -sap, en munt (indien gebruikt) in een kleine kom. Breng op smaak met peper en zout en besprenkel met de olijfolie. Dek af en laat minimaal 10 minuten in de koelkast staan, zodat de smaken zich kunnen vermengen. Kan 3 tot 4 dagen gekoeld bewaard worden.
g) Om te serveren, verwarm je rijst en kip in de magnetron met tussenpozen van 30 seconden, tot ze opgewarmd zijn. Werk af met komkommersalade, tomaten en Tzatziki-saus en serveer.

56. Koreaans-Amerikaanse rundvleeskommen voor het bereiden van maaltijden

INGREDIËNTEN
- ⅔ kopje witte of bruine rijst
- 4 middelgrote eieren
- 1 eetlepel olijfolie
- 2 teentjes knoflook, fijngehakt
- 4 kopjes gehakte spinazie

Koreaans-Amerikaans rundvlees
- 3 eetlepels verpakte bruine suiker
- 3 eetlepels natriumarme sojasaus
- 1 eetlepel vers geraspte gember
- 1 ½ theelepel sesamolie
- ½ theelepel sriracha (optioneel)
- 2 theelepels olijfolie
- 2 teentjes knoflook, fijngehakt
- 1 pond rundergehakt
- 2 groene uien, in dunne plakjes gesneden (optioneel)
- ¼ theelepel sesamzaadjes (optioneel)

ROUTEBESCHRIJVING
a) Kook de rijst volgens de instructies op de verpakking; opzij zetten.

b) Doe de eieren in een grote pan en bedek ze met koud water tot 2,5 cm. Breng aan de kook en kook gedurende 1 minuut. Bedek de pot met een goed sluitend deksel en haal van het vuur; laat 8 tot 10 minuten zitten. Laat ze goed uitlekken en afkoelen voordat je ze schilt en doormidden snijdt.

c) Verhit de olijfolie in een grote koekenpan op middelhoog vuur. Voeg de knoflook toe en kook, onder regelmatig roeren, tot het geurig is, 1 tot 2 minuten. Roer de spinazie erdoor en kook tot ze verwelkt is, 2 tot 3 minuten; opzij zetten.

d) Voor het rundvlees: Klop in een kleine kom de bruine suiker, sojasaus, gember, sesamolie en sriracha, indien gebruikt.
e) Verhit de olijfolie in een grote koekenpan op middelhoog vuur. Voeg de knoflook toe en kook, onder voortdurend roeren, tot het geurig is, ongeveer 1 minuut. Voeg het gehakt toe en kook tot het bruin is, 3 tot 5 minuten, en zorg ervoor dat het vlees tijdens het koken verkruimelt; overtollig vet afvoeren. Roer het sojasausmengsel en de groene uien erdoor tot alles goed gemengd is en laat het ongeveer 2 minuten sudderen tot het geheel warm is.
f) Doe het rijst-, eieren-, spinazie- en gehaktmengsel in de maaltijdbereidingsbakjes en garneer indien gewenst met groene ui en sesamzaadjes. In de koelkast afgedekt 3 tot 4 dagen houdbaar.
g) Opwarmen in de magnetron met tussenpozen van 30 seconden tot het is opgewarmd.

57. Mason jar kip en ramensoep

INGREDIËNTEN
- 2 (5,6 ounce) pakjes gekoelde yakisoba-noedels
- 2 ½ eetlepel natriumarm groentebouillonbasisconcentraat (wij houden van Better Than Bouillon)
- 1 ½ eetlepel natriumarme sojasaus
- 1 eetlepel rijstwijnazijn
- 1 eetlepel vers geraspte gember
- 2 theelepels sambal oelek (gemalen verse chilipasta), of meer naar smaak
- 2 theelepels sesamolie
- 2 kopjes overgebleven geraspte rotisserie-kip
- 3 kopjes babyspinazie
- 2 wortels, geschild en geraspt
- 1 kopje gesneden shiitake-paddenstoelen
- ½ kopje verse korianderblaadjes
- 2 groene uien, in dunne plakjes gesneden
- 1 theelepel sesamzaadjes

ROUTEBESCHRIJVING
a) Kook de yakisoba in een grote pan met kokend water tot hij loskomt, 1 tot 2 minuten; goed laten uitlekken.

b) Meng in een kleine kom de bouillonbasis, sojasaus, azijn, gember, sambal oelek en sesamolie.

c) Verdeel het bouillonmengsel in 4 (24-ounce) glazen potten met brede opening en deksels, of andere hittebestendige containers. Werk af met yakisoba, kip, spinazie, wortelen, champignons, koriander, groene uien en sesamzaadjes. Dek af en bewaar maximaal 4 dagen in de koelkast.

d) Om te serveren, haalt u een pot tevoorschijn en voegt u voldoende heet water toe om de inhoud te bedekken, ongeveer 1 ¼ kopjes. Magnetron, onbedekt, tot het opgewarmd is, 2 tot 3 minuten. Laat 5 minuten staan, roer om te combineren en serveer onmiddellijk.

58. Weckpot bolognese

INGREDIËNTEN
- 2 eetlepels olijfolie
- 1 pond rundergehakt
- 1 pond Italiaanse worst, omhulsels verwijderd
- 1 ui, gehakt
- 4 teentjes knoflook, fijngehakt
- 3 (14,5 ounce) blikjes tomatenblokjes, uitgelekt
- 2 blikjes tomatensaus (15 ounces).
- 3 laurierblaadjes
- 1 theelepel gedroogde oregano
- 1 theelepel gedroogde basilicum
- ½ theelepel gedroogde tijm
- 1 theelepel koosjer zout
- ½ theelepel versgemalen zwarte peper
- 2 pakjes (16 ounce) mozzarellakaas met verlaagd vetgehalte, in blokjes
- 32 ons ongekookte volkoren fusilli, gekookt volgens de instructies op de verpakking; ongeveer 16 kopjes gekookt

ROUTEBESCHRIJVING
a) Verhit de olijfolie in een grote koekenpan op middelhoog vuur. Voeg het gehakt, de worst, de ui en de knoflook toe. Kook tot ze bruin zijn, 5 tot 7 minuten, en zorg ervoor dat je het rundvlees en de worst verkruimelt terwijl het kookt; overtollig vet afvoeren.

b) Breng het gehaktmengsel over naar een slowcooker van 6 liter. Roer de tomaten, tomatensaus, laurierblaadjes, oregano, basilicum, tijm, zout en peper erdoor. Dek af en kook op laag vuur gedurende 7 uur en 45 minuten. Verwijder het deksel en zet de slowcooker op de hoogste stand. Blijf 15 minuten koken, totdat de saus is ingedikt. Gooi de laurierblaadjes weg en laat de saus volledig afkoelen.

c) Verdeel de saus in 16 glazen potten met brede opening en deksels, of andere hittebestendige containers. Beleg met mozzarella en fusilli. Maximaal 4 dagen in de koelkast bewaren.
d) Om te serveren, magnetron, onbedekt, tot het opgewarmd is, ongeveer 2 minuten. Roer om te combineren.

59. Mason jar lasagne

INGREDIËNTEN
- 3 lasagna-noedels
- 1 eetlepel olijfolie
- ½ pond gemalen entrecote
- 1 ui, in blokjes gesneden
- 2 teentjes knoflook, fijngehakt
- 3 eetlepels tomatenpuree
- 1 theelepel Italiaanse kruiden
- 2 (14,5 ounce) blikjes tomatenblokjes
- 1 middelgrote courgette, geraspt
- 1 grote wortel, geraspt
- 2 kopjes geraspte babyspinazie
- Kosjer zout en versgemalen zwarte peper, naar smaak
- 1 kopje halfvolle ricottakaas
- 1 kop geraspte mozzarellakaas, verdeeld
- 2 eetlepels gehakte verse basilicumblaadjes

ROUTEBESCHRIJVING

a) Kook de pasta in een grote pan met kokend gezouten water volgens de instructies op de verpakking; goed laten uitlekken. Snijd elke noedel in 4 stukken; opzij zetten.

b) Verhit de olijfolie in een grote koekenpan of Nederlandse oven op middelhoog vuur. Voeg de gemalen entrecote en de ui toe en kook tot ze bruin zijn, 3 tot 5 minuten, en zorg ervoor dat het rundvlees tijdens het koken verkruimelt; overtollig vet afvoeren.

c) Roer de knoflook, tomatenpuree en Italiaanse kruiden erdoor en kook tot het geurig is, 1 tot 2 minuten. Roer de tomaten erdoor, zet het vuur lager en laat sudderen tot ze iets dikker zijn, 5 tot 6 minuten. Roer de courgette, wortel en spinazie erdoor en kook, onder regelmatig roeren, tot ze

gaar zijn, 2 tot 3 minuten. Breng op smaak met zout en peper. Zet de saus opzij.
d) Meng in een kleine kom de ricotta, ½ kopje mozzarella en de basilicum; Breng op smaak met zout en peper
e) Verwarm de oven voor op 375 graden F. Bestrijk 4 (16-ounce) glazen potten met brede opening met deksels of andere ovenveilige containers lichtjes met olie, of bestrijk ze met anti-aanbakspray.
f) Doe in elke pot 1 stuk pasta. Verdeel een derde van de saus over de potten. Herhaal met een tweede laag pasta en saus. Bestrijk met het ricottamengsel, de resterende pasta en de resterende saus. Bestrooi met de resterende ½ kopje mozzarellakaas.
g) Zet de potten op een bakplaat. Plaats in de oven en bak tot het borrelt, 25 tot 30 minuten; helemaal gaaf. Maximaal 4 dagen in de koelkast bewaren.

60. Miso-gember-detoxsoep

INGREDIËNTEN
- 2 theelepels geroosterde sesamolie
- 2 theelepels koolzaadolie
- 3 teentjes knoflook, fijngehakt
- 1 eetlepel vers geraspte gember
- 6 kopjes groentebouillon
- 1 vel kombu, in kleine stukjes gesneden
- 4 theelepels witte misopasta
- 1 (3,5-ounce) pakket shiitake-paddenstoelen, in plakjes gesneden (ongeveer 2 kopjes)
- 8 ons stevige tofu, in blokjes
- 5 baby paksoi, gehakt
- ¼ kopje gesneden groene uien

ROUTEBESCHRIJVING

a) Verhit de sesamolie en canola-olie in een grote soeppan of Nederlandse oven op middelhoog vuur. Voeg de knoflook en gember toe en kook, onder regelmatig roeren, tot het geurig is, 1 tot 2 minuten. Roer de bouillon, kombu en misopasta erdoor en breng aan de kook. Dek af, zet het vuur lager en laat 10 minuten sudderen. Roer de champignons erdoor en kook tot ze gaar zijn, ongeveer 5 minuten.

b) Roer de tofu en paksoi erdoor en kook tot de tofu is opgewarmd en de paksoi zacht is, ongeveer 2 minuten. Roer de groene uien erdoor. Serveer onmiddellijk.

c) Of laat de bouillon aan het einde van stap 1 volledig afkoelen om het van tevoren te bereiden. Roer vervolgens de tofu, paksoi en groene uien erdoor. Verdeel in luchtdichte containers, dek af en laat maximaal 3 dagen in de koelkast staan. Om op te warmen, plaatst u het in intervallen van 30 seconden in de magnetron totdat het is opgewarmd.

61. Gevulde zoete aardappelen

OPBRENGST: 4 PORTIES
INGREDIËNTEN
- 4 middelgrote zoete aardappelen

ROUTEBESCHRIJVING

a) Verwarm de oven voor op 400 graden F. Bekleed een bakplaat met bakpapier of aluminiumfolie.
b) Leg de zoete aardappelen in een enkele laag op de voorbereide bakplaat. Bak tot het gaar is, ongeveer 1 uur en 10 minuten.
c) Laat rusten tot het voldoende koel is om te hanteren.

62. Koreaans-Amerikaanse kipgevulde aardappelen

INGREDIËNTEN

- $\frac{1}{2}$ kopje gekruide rijstwijnazijn
- 1 eetlepel suiker
- Kosjer zout en versgemalen zwarte peper, naar smaak
- 1 kopje luciferworteltjes
- 1 grote sjalot, gesneden
- $\frac{1}{4}$ theelepel gemalen rode pepervlokken
- 2 theelepels sesamolie
- 1 (10-ounce) pakket verse spinazie
- 2 teentjes knoflook, fijngehakt
- 4 geroosterde zoete aardappelen (hier)
- 2 kopjes pittige Koreaans-Amerikaanse sesamkip (hier)

ROUTEBESCHRIJVING

a) Meng in een kleine pan de azijn, suiker, 1 theelepel zout en $\frac{1}{4}$ kopje water. Breng op middelhoog vuur aan de kook. Roer de wortels, sjalotten en rode pepervlokken erdoor. Haal van het vuur en laat 30 minuten staan.

b) Verhit de sesamolie in een grote koekenpan op middelhoog vuur. Roer de spinazie en knoflook erdoor en kook tot de spinazie geslonken is, 2 tot 4 minuten. Breng op smaak met zout en peper.

c) Halveer de aardappelen in de lengte en breng op smaak met peper en zout. Bestrijk met het kip-wortelmengsel en de spinazie.

d) Verdeel de zoete aardappelen in maaltijdbereidingsbakjes. Maximaal 3 dagen in de koelkast bewaren. Opwarmen in de magnetron met tussenpozen van 30 seconden tot het is opgewarmd.

63. Boerenkool en rode paprika gevulde aardappelen

INGREDIËNTEN
- 1 eetlepel olijfolie
- 2 teentjes knoflook, fijngehakt
- 1 zoete ui, in blokjes gesneden
- 1 theelepel gerookte paprikapoeder
- 1 rode paprika, in dunne plakjes gesneden
- 1 bos boerenkool, stengels verwijderd en bladeren gehakt
- Kosjer zout en versgemalen zwarte peper, naar smaak
- 4 geroosterde zoete aardappelen
- $\frac{1}{2}$ kopje verkruimelde fetakaas met verlaagd vetgehalte

ROUTEBESCHRIJVING
a) Verhit de olijfolie in een grote koekenpan op middelhoog vuur. Voeg de knoflook en de ui toe en kook, onder regelmatig roeren, tot de ui glazig is, 2 tot 3 minuten. Roer de paprika erdoor en kook tot het geurig is, ongeveer 30 seconden.
b) Roer de paprika erdoor en kook tot hij knapperig is, ongeveer 2 minuten. Roer de boerenkool er handvol per keer door en kook tot hij heldergroen is en net verwelkt, 3 tot 4 minuten.
c) Halveer de aardappelen en breng op smaak met peper en zout. Bestrijk met het boerenkoolmengsel en feta.
d) Verdeel de zoete aardappelen in maaltijdbereidingsbakjes.

64. Mosterd Kip Gevulde Aardappelen

INGREDIËNTEN
- 1 eetlepel olijfolie
- 2 kopjes gesneden verse sperziebonen
- 1 ½ kopjes in vieren gesneden cremini-champignons
- 1 sjalot, fijngehakt
- 1 teentje knoflook, fijngehakt
- 2 eetlepels gehakte verse peterselieblaadjes
- Kosjer zout en versgemalen zwarte peper, naar smaak
- 4 geroosterde zoete aardappelen (hier)
- 2 kopjes Honing Mosterd Kip (hier)

ROUTEBESCHRIJVING
a) Verhit de olijfolie in een grote koekenpan op middelhoog vuur. Voeg de sperziebonen, champignons en sjalot toe en kook, onder regelmatig roeren, tot de sperziebonen knapperig en gaar zijn, 5 tot 6 minuten. Roer de knoflook en peterselie erdoor en kook tot het geurig is, ongeveer 1 minuut. Breng op smaak met zout en peper.

b) Halveer de aardappelen in de lengte en breng op smaak met peper en zout. Bestrijk met het groene bonenmengsel en de kip.

c) Verdeel de zoete aardappelen in maaltijdbereidingsbakjes. Maximaal 3 dagen in de koelkast bewaren. Opwarmen in de magnetron met tussenpozen van 30 seconden tot het is opgewarmd.

65. Gevulde aardappelen met zwarte bonen en Pico de Gallo

INGREDIËNTEN
Zwarte bonen
- 1 eetlepel olijfolie
- ½ zoete ui, in blokjes gesneden
- 1 teentje knoflook, fijngehakt
- 1 theelepel chilipoeder
- ½ theelepel gemalen komijn
- 1 (15,5 ounce) blik zwarte bonen, gespoeld en uitgelekt
- 1 theelepel appelazijn
- Kosjer zout en versgemalen zwarte peper, naar smaak

Pico de gallo
- 2 pruimtomaten, in blokjes gesneden
- ½ zoete ui, in blokjes gesneden
- 1 jalapeño, zonder zaadjes en fijngehakt
- 3 eetlepels gehakte verse korianderblaadjes
- 1 eetlepel vers geperst limoensap
- Kosjer zout en versgemalen zwarte peper, naar smaak
- 4 geroosterde zoete aardappelen (hier)
- 1 avocado, gehalveerd, ontpit, geschild en in blokjes gesneden
- ¼ kopje lichtzure room

ROUTEBESCHRIJVING
a) VOOR DE BONEN: Verhit de olijfolie in een middelgrote pan op middelhoog vuur. Voeg de ui toe en kook, onder regelmatig roeren, 2 tot 3 minuten tot hij doorschijnend is. Roer de knoflook, chilipoeder en komijn erdoor en kook tot het geurig is, ongeveer 1 minuut.

b) Roer de bonen en ⅔ kopje water erdoor. Breng aan de kook, zet het vuur lager en kook tot het is ingekookt, 10 tot 15 minuten. Pureer de bonen met een aardappelstamper tot een

gladde massa en de gewenste consistentie is bereikt. Roer de azijn erdoor en breng op smaak met peper en zout.
c) VOOR DE PICO DE GALLO: Combineer de tomaten, ui, jalapeño, koriander en limoensap in een middelgrote kom. Breng op smaak met zout en peper.
d) Halveer de aardappelen in de lengte en breng op smaak met peper en zout. Bestrijk met het zwartebonenmengsel en pico de gallo.
e) Verdeel de zoete aardappelen in maaltijdbereidingsbakjes. Maximaal 3 dagen in de koelkast bewaren. Opwarmen in de magnetron met tussenpozen van 30 seconden tot het is opgewarmd.

66. Courgettenoedels met kalkoengehaktballetjes

INGREDIËNTEN
- 1 pond gemalen kalkoen
- ⅓ kopje panko
- 3 eetlepels vers geraspte Parmezaanse kaas
- 2 grote eierdooiers
- ¾ theelepel gedroogde oregano
- ¾ theelepel gedroogde basilicum
- ½ theelepel gedroogde peterselie
- ¼ theelepel knoflookpoeder
- ¼ theelepel gemalen rode pepervlokken
- Kosjer zout en versgemalen zwarte peper, naar smaak
- 2 pond (3 middelgrote) courgettes, spiraalvormig
- 2 theelepels koosjer zout
- 2 kopjes marinarasaus (zelfgemaakt of in de winkel gekocht)
- ¼ kopje vers geraspte Parmezaanse kaas

ROUTEBESCHRIJVING

a) Verwarm de oven voor op 400 graden F. Vet een ovenschaal van 9x13 inch licht in met olie of bestrijk hem met anti-aanbakspray.

b) Meng in een grote kom de gemalen kalkoen, panko, Parmezaanse kaas, eierdooiers, oregano, basilicum, peterselie, knoflookpoeder en rode pepervlokken; Breng op smaak met zout en peper. Meng met een houten lepel of schone handen tot alles goed gemengd is. Rol het mengsel in 16 tot 20 gehaktballetjes, elk met een diameter van 1 tot 1 ½ inch.

c) Plaats de gehaktballetjes in de voorbereide ovenschaal en bak gedurende 15 tot 18 minuten, tot ze rondom bruin en gaar zijn; opzij zetten.

d) Doe de courgette in een vergiet boven de gootsteen. Voeg het zout toe en roer voorzichtig om te combineren; laat 10 minuten zitten. Kook de courgette in een grote pan met kokend water gedurende 30 seconden tot 1 minuut; goed laten uitlekken.

e) Verdeel de courgette in maaltijdbereidingsbakjes. Werk af met gehaktballetjes, marinarasaus en Parmezaanse kaas. In de koelkast afgedekt 3 tot 4 dagen houdbaar. Opwarmen in de magnetron, onafgedekt, in intervallen van 30 seconden tot het geheel is opgewarmd.

67. Makkelijke gehaktballetjes

Geeft ongeveer 18 gehaktballetjes
INGREDIËNTEN
- 20 oz. (600 g) extra magere kalkoenfilet
- ½ kopje (40 g) havermeel
- 1 ei
- 2 kopjes (80 g) spinazie, gehakt (optioneel)
- 1 theelepel knoflookpoeder
- ¾ theelepel zout
- ½ theelepel peper

ROUTEBESCHRIJVING
a) Verwarm de oven voor op 350F (180C).
b) Meng alle **INGREDIËNTEN** in een kom.
c) Rol het vlees in gehaktballetjes ter grootte van een golfbal en doe het in een besproeide ovenschaal van 30x20 cm.
d) Bak gedurende 15 minuten .

68. Soep met 3 ingrediënten

Geeft 8 porties
INGREDIËNTEN
- 2 15 oz. Blikken bonen (elk 425 g) (ik gebruik één blik zwarte bonen en één blik witte bonen), uitgelekt/gespoeld
- 1 15 oz. (425 g) blik tomatenblokjes
- 1 kop (235 ml) kippen-/groentebouillon zout en peper naar smaak

ROUTEBESCHRIJVING
a) Combineer alle **INGREDIËNTEN** in een pan op middelhoog vuur. Breng aan de kook.
b) Zodra het kookt, dek af en laat het 25 minuten sudderen.
c) Gebruik uw staafmixer (of doe het in batches in een normale blender/processor) om de soep tot de gewenste consistentie te pureren.
d) Serveer warm met Griekse yoghurt als zure roomvervanger, magere cheddarkaas en groene ui!
e) In de koelkast blijft het tot 5 dagen houdbaar.

69. Slowcooker Salsa Turkije

Levert 6 porties op
INGREDIËNTEN
- 20 oz. (600 g) extra magere kalkoenfilet
- 1 15,5 oz. pot (440 g) salsa
- zout en peper naar smaak (optioneel)

ROUTEBESCHRIJVING
a) Voeg je gemalen kalkoen en salsa toe aan je slowcooker.
b) Zet het vuur laag. Laat 6-8 uur langzaam en laag koken. Roer één of twee keer tijdens de kooktijd. (Kook 4 uur op de hoogste stand als je tijd nodig hebt).
c) Serveer met extra koude salsa, Griekse yoghurt als zure roomvervanger, kaas of groene ui!
d) In de koelkast 5 dagen houdbaar, in de vriezer 3-4 maanden.

70. Burrito-kom-in-een-pot

Opbrengst 1 pot

INGREDIËNTEN
- 2 eetlepels salsa
- ¼ kopje (40 g) bonen/bonensalsa ⅓ kopje (60 g) gekookte rijst/quinoa
- 3 ons. (85 g) gekookte extra magere kalkoen, kip of eiwit naar keuze
- 2 eetlepels magere cheddarkaas
- 1 ½ kopjes (60 g) sla/groen
- 1 eetlepels Griekse yoghurt ("zure room")
- ¼ avocado

ROUTEBESCHRIJVING
a) Doe al je **INGREDIËNTEN** in de pot.
b) Bewaar om op een later tijdstip te eten.
c) Als je klaar bent om te eten, giet je de pot op een bord of kom om te mengen en te verslinden!
d) In de koelkast 4-5 dagen houdbaar.

KOUDE LUNCH

71. Carnitas maaltijdbereidingsschalen

INGREDIËNTEN
- 2 ½ theelepel chilipoeder
- 1 ½ theelepel gemalen komijn
- 1 ½ theelepel gedroogde oregano
- 1 theelepel koosjer zout, of meer naar smaak
- ½ theelepel gemalen zwarte peper, of meer naar smaak
- 1 varkenslende (3 pond), overtollig vet verwijderd
- 4 teentjes knoflook, gepeld
- 1 ui, in partjes gesneden
- Sap van 2 sinaasappels
- Sap van 2 limoenen
- 8 kopjes geraspte boerenkool
- 4 pruimtomaatjes, gehakt
- 2 (15 ounce) blikjes zwarte bonen, uitgelekt en gespoeld
- 4 kopjes maïskorrels (bevroren, ingeblikt of geroosterd)
- 2 avocado's, gehalveerd, ontpit, geschild en in blokjes gesneden
- 2 limoenen, in partjes gesneden

ROUTEBESCHRIJVING
a) Meng in een kleine kom het chilipoeder, komijn, oregano, zout en peper. Breng het varkensvlees op smaak met het kruidenmengsel en wrijf het aan alle kanten goed in.
b) Doe het varkensvlees, de knoflook, de ui, het sinaasappelsap en het limoensap in een slowcooker. Dek af en kook op laag gedurende 8 uur, of op hoog gedurende 4 tot 5 uur.
c) Haal het varkensvlees uit de pan en versnipper het vlees. Doe het terug in de pot en meng met de sappen; breng indien nodig op smaak met zout en peper. Dek af en houd nog eens 30 minuten warm.
d) Doe het varkensvlees, de boerenkool, de tomaten, de zwarte bonen en de maïs in bakjes voor het bereiden van

maaltijden. In de koelkast afgedekt 3 tot 4 dagen houdbaar. Serveer met avocado en limoenpartjes.

72. Chicago hotdogsalade

INGREDIËNTEN
- 2 eetlepels extra vergine olijfolie
- 1 ½ eetlepel gele mosterd
- 1 eetlepel rode wijnazijn
- 2 theelepels maanzaad
- ½ theelepel selderijzout
- Snufje suiker
- Kosjer zout en versgemalen zwarte peper, naar smaak
- 1 kopje quinoa
- 4 kalkoenhotdogs met verlaagd vetgehalte
- 3 kopjes geraspte babykool
- 1 kop gehalveerde kerstomaatjes
- ⅓ kopje in blokjes gesneden witte ui
- ¼ kopje sportpaprika's
- 8 dille-augurksperen

ROUTEBESCHRIJVING
a) OM DE VINAIGRETTE TE MAKEN: Meng de olijfolie, mosterd, azijn, maanzaad, selderijzout en suiker in een middelgrote kom. Breng op smaak met zout en peper. Dek af en zet 3 tot 4 dagen in de koelkast.

b) Kook de quinoa volgens de instructies op de verpakking in een grote pan met 2 kopjes water; opzij zetten.

c) Verhit een grill tot middelhoog. Voeg de hotdogs toe aan de grill en kook tot ze goudbruin zijn en aan alle kanten licht verkoold, 4 tot 5 minuten. Laat afkoelen en snij in hapklare stukken.

d) Verdeel de quinoa, hotdogs, tomaten, ui en paprika's in maaltijdbereidingscontainers. Gekoeld 3 tot 4 dagen houdbaar.

e) Giet voor het serveren de dressing over de salade en roer voorzichtig door elkaar. Serveer onmiddellijk, indien gewenst gegarneerd met augurkjes.

73. Vistaco-kommen

INGREDIËNTEN
Koriander-limoendressing
- 1 kop los verpakte koriander, stengels verwijderd
- ½ kopje Griekse yoghurt
- 2 teentjes knoflook,
- Sap van 1 limoen
- Snufje koosjer zout
- ¼ kopje extra vergine olijfolie
- 2 eetlepels appelazijn

Tilapia
- 3 eetlepels ongezouten boter, gesmolten
- 3 teentjes knoflook, fijngehakt
- Geraspte schil van 1 limoen
- 2 eetlepels vers geperst limoensap, of meer naar smaak
- 4 tilapiafilets (4 ons).
- Kosjer zout en versgemalen zwarte peper, naar smaak
- ⅔ kopje quinoa
- 2 kopjes geraspte boerenkool
- 1 kopje geraspte rode kool
- 1 kopje maïskorrels (ingeblikt of geroosterd)
- 2 pruimtomaten, in blokjes gesneden
- ¼ kopje gemalen tortillachips
- 2 eetlepels gehakte verse korianderblaadjes

ROUTEBESCHRIJVING
a) VOOR DE DRESSING: Meng de koriander, yoghurt, knoflook, limoensap en zout in de kom van een keukenmachine. Terwijl de motor draait, voeg je de olijfolie en azijn in een langzame stroom toe tot een emulsie ontstaat. Dek af en zet 3 tot 4 dagen in de koelkast.

b) VOOR DE TILAPIA: Verwarm de oven voor op 425 graden F. Vet een ovenschaal van 9x13 inch licht in met olie of bestrijk hem met anti-aanbakspray.
c) Meng in een kleine kom de boter, knoflook, limoenschil en limoensap. Breng de tilapia op smaak met zout en peper en plaats deze in de voorbereide ovenschaal. Besprenkel met het botermengsel.
d) Bak tot de vis gemakkelijk uit elkaar valt met een vork, 10 tot 12 minuten.
e) Kook de quinoa volgens de instructies op de verpakking in een grote pan met 2 kopjes water. Laat afkoelen.
f) Verdeel de quinoa in maaltijdbereidingsbakjes. Beleg met tilapia, boerenkool, kool, maïs, tomaten en tortillachips.
g) Besprenkel voor het serveren met koriander-limoendressing, indien gewenst gegarneerd met koriander.

74. Cobb-salade oogsten

INGREDIËNTEN
Maanzaaddressing
- ¼ kopje 2% melk
- 3 eetlepels olijfoliemayonaise
- 2 eetlepels Griekse yoghurt
- 1 ½ eetlepel suiker, of meer naar smaak
- 1 eetlepel appelazijn
- 1 eetlepel maanzaad
- 2 eetlepels olijfolie

Salade
- 16 ons pompoen, in stukjes van 1 inch gesneden
- 16 ons spruitjes, gehalveerd
- 2 takjes verse tijm
- 5 verse salieblaadjes
- Kosjer zout en versgemalen zwarte peper, naar smaak
- 4 middelgrote eieren
- 4 plakjes spek, in blokjes gesneden
- 8 kopjes geraspte boerenkool
- 1 ⅓ kopjes gekookte wilde rijst

ROUTEBESCHRIJVING
a) VOOR DE DRESSING: Klop de melk, mayonaise, yoghurt, suiker, azijn en maanzaad door elkaar in een kleine kom. Dek af en bewaar maximaal 3 dagen in de koelkast.

b) Verwarm de oven voor op 400 graden F. Vet een bakplaat licht in of bestrijk hem met anti-aanbakspray.

c) Plaats de pompoen en spruitjes op de voorbereide bakplaat. Voeg de olijfolie, tijm en salie toe en roer voorzichtig om te combineren; Breng op smaak met zout en peper. Schik in een gelijkmatige laag en bak, één keer draaiend, gedurende 25 tot 30 minuten, tot ze gaar zijn; opzij zetten.

d) Doe ondertussen de eieren in een grote pan en bedek ze met koud water tot 2,5 cm. Breng aan de kook en kook gedurende 1 minuut. Bedek de pot met een goed sluitend deksel en haal van het vuur; laat 8 tot 10 minuten zitten. Laat goed uitlekken en afkoelen alvorens te schillen en in plakjes te snijden.
e) Verhit een grote koekenpan op middelhoog vuur. Voeg het spek toe en kook tot het bruin en knapperig is, 6 tot 8 minuten; overtollig vet afvoeren. Breng over naar een met keukenpapier beklede plaat; opzij zetten.
f) Om de salades samen te stellen, plaatst u de boerenkool in maaltijdbereidingscontainers; leg er rijen pompoen, spruitjes, spek, ei en wilde rijst bovenop. In de koelkast afgedekt 3 tot 4 dagen houdbaar. Serveer met de maanzaaddressing.

75. Cobb-salade van buffelbloemkool

INGREDIËNTEN
- 3-4 kopjes bloemkoolroosjes
- 1 15 oz. blik kikkererwten, uitgelekt, afgespoeld en drooggedept
- 2 theelepels avocado-olie
- ½ theelepel peper
- ½ theelepel zeezout
- ½ kopje buffelvleugelsaus
- 4 kopjes verse romaine, gehakt
- ½ kopje selderij, gehakt
- ¼ kopje rode ui, in plakjes gesneden
- Romige veganistische ranchdressing:
- ½ kopje rauwe cashewnoten, 3-4 uur of een nacht geweekt
- ½ kopje vers water
- 2 theelepels gedroogde dille
- 1 theelepel knoflookpoeder
- 1 theelepel uienpoeder
- ½ theelepel zeezout
- snufje zwarte peper

ROUTEBESCHRIJVING
a) Zet de oven op 450 ° F.
b) Voeg bloemkool, kikkererwten, olie, peper en zout toe aan een grote kom en roer om.
c) Giet het mengsel op een bakplaat of steen. Rooster gedurende 20 minuten. Haal de bakplaat uit de oven, giet de buffelsaus over het mengsel en schep om. Rooster nog eens 10-15 minuten of tot de kikkererwten knapperig zijn en de bloemkool naar wens geroosterd is. Haal uit de oven.
d) Voeg de geweekte en uitgelekte cashewnoten toe aan een krachtige blender of keukenmachine met 1/2 kopje water,

dille, knoflookpoeder, uienpoeder, zout en peper. Meng tot een gladde massa.
e) Pak twee slakommen en voeg 2 kopjes gehakte romaine, 1/4 kopje selderij en 1/8 kopje ui toe aan elke kom. Beleg met geroosterde buffelbloemkool en kikkererwten. Druppel de dressing erover en geniet ervan!

76. Mason jar bieten- en spruitjesgraankommen

INGREDIËNTEN
- 3 middelgrote bieten (ongeveer 1 pond)
- 1 eetlepel olijfolie
- Kosjer zout en versgemalen zwarte peper, naar smaak
- 1 kopje farro
- 4 kopjes babyspinazie of boerenkool
- 2 kopjes spruitjes (ongeveer 8 ons), in dunne plakjes gesneden
- 3 clementines, geschild en in partjes
- $\frac{1}{2}$ kopje pecannoten, geroosterd
- $\frac{1}{2}$ kopje granaatappelpitjes

Honing-Dijon rode wijnvinaigrette
- $\frac{1}{4}$ kopje extra vergine olijfolie
- 2 eetlepels rode wijnazijn
- $\frac{1}{2}$ sjalot, fijngehakt
- 1 eetlepel honing
- 2 theelepels volkoren mosterd
- Kosjer zout en versgemalen zwarte peper, naar smaak

ROUTEBESCHRIJVING
a) Verwarm de oven voor op 400 graden F. Bekleed een bakplaat met folie.
b) Leg de bieten op de folie, besprenkel met olijfolie en breng op smaak met zout en peper. Vouw alle 4 de zijden van de folie op om een zakje te maken. Bak tot ze gaar zijn, 35 tot 45 minuten; laat afkoelen, ongeveer 30 minuten.
c) Wrijf met een schone papieren handdoek over de bieten om de schil te verwijderen; snij in hapklare stukjes.
d) Kook de farro volgens **DE AANWIJZINGEN OP DE VERPAKKING** en laat afkoelen.
e) Verdeel de bieten in 4 glazen potten met brede opening en deksel. Werk af met spinazie of boerenkool, farro,

spruitjes, clementines, pecannoten en granaatappelpitjes. In de koelkast afgedekt 3 à 4 dagen houdbaar.
f) VOOR DE VINAIGRETTE: Klop de olijfolie, azijn, sjalot, honing, mosterd en 1 eetlepel water door elkaar; Breng op smaak met zout en peper. Dek af en bewaar maximaal 3 dagen in de koelkast.
g) Voeg voor het serveren de vinaigrette toe aan elke pot en schud. Serveer onmiddellijk.

77. Broccolisalade uit Mason Jar

INGREDIËNTEN
- 3 eetlepels 2% melk
- 2 eetlepels olijfoliemayonaise
- 2 eetlepels Griekse yoghurt
- 1 eetlepel suiker, of meer naar smaak
- 2 theelepels appelazijn
- ½ kopje cashewnoten
- ¼ kopje gedroogde veenbessen
- ½ kopje in blokjes gesneden rode ui
- 2 ons cheddarkaas, in blokjes gesneden
- 5 kopjes grof gesneden broccoliroosjes

ROUTEBESCHRIJVING
a) VOOR DE DRESSING: Klop de melk, mayonaise, yoghurt, suiker en azijn in een kleine kom door elkaar.
b) Verdeel de dressing over 4 glazen potten met brede opening en deksel. Garneer met cashewnoten, veenbessen, ui, kaas en broccoli. Maximaal 3 dagen in de koelkast bewaren.
c) Schud voor het serveren de inhoud van een pot en serveer onmiddellijk.

78. Mason jar kipsalade

INGREDIËNTEN
- 2 ½ kopjes overgebleven geraspte kip met rotisserie
- ½ kopje Griekse yoghurt
- 2 eetlepels olijfoliemayonaise
- ¼ kopje in blokjes gesneden rode ui
- 1 stengel bleekselderij, in blokjes gesneden
- 1 eetlepel vers geperst citroensap, of meer naar smaak
- 1 theelepel gehakte verse dragon
- ½ theelepel Dijon-mosterd
- ½ theelepel knoflookpoeder
- Kosjer zout en versgemalen zwarte peper, naar smaak
- 4 kopjes geraspte boerenkool
- 2 Granny Smith-appels, zonder klokhuis en in stukjes gesneden
- ½ kopje cashewnoten
- ½ kopje gedroogde veenbessen

ROUTEBESCHRIJVING
a) Meng in een grote kom de kip, yoghurt, mayonaise, rode ui, selderij, citroensap, dragon, mosterd en knoflookpoeder; Breng op smaak met zout en peper.
b) Verdeel het kippenmengsel in 4 (24-ounce) glazen potten met brede opening en deksels. Werk af met boerenkool, appels, cashewnoten en veenbessen. Maximaal 3 dagen in de koelkast bewaren.
c) Schud de inhoud van een pot om te serveren en serveer onmiddellijk.

79. Mason jar Chinese kipsalade

INGREDIËNTEN
- ½ kopje rijstwijnazijn
- 2 teentjes knoflook, geperst
- 1 eetlepel sesamolie
- 1 eetlepel vers geraspte gember
- 2 theelepels suiker, of meer naar smaak
- ½ theelepel natriumarme sojasaus
- 2 groene uien, in dunne plakjes gesneden
- 1 theelepel sesamzaadjes
- 2 wortels, geschild en geraspt
- 2 kopjes in blokjes gesneden Engelse komkommer
- 2 kopjes geraspte paarse kool
- 12 kopjes gehakte boerenkool
- 1 ½ kopje overgebleven in blokjes gesneden rotisserie-kip
- 1 kopje wontonreepjes

ROUTEBESCHRIJVING
a) VOOR DE VINAIGRETTE: Meng de azijn, knoflook, sesamolie, gember, suiker en sojasaus in een kleine kom. Verdeel de dressing over 4 (32-ounce) glazen potten met brede opening en deksel.
b) Garneer met groene uien, sesamzaadjes, wortels, komkommer, kool, boerenkool en kip. Maximaal 3 dagen in de koelkast bewaren. Bewaar de wontonreepjes apart.
c) Schud voor het serveren de inhoud van een pot en voeg de wontonreepjes toe. Serveer onmiddellijk.

80. Mason jar niçoise salade

INGREDIËNTEN
- 2 middelgrote eieren
- 2 ½ kopjes gehalveerde sperziebonen
- 3 (7-ounce) blikjes witte tonijn verpakt in water, uitgelekt en gespoeld
- ¼ kopje extra vergine olijfolie
- 2 eetlepels rode wijnazijn
- 2 eetlepels in blokjes gesneden rode ui
- 2 eetlepels gehakte verse peterselieblaadjes
- 1 eetlepel gehakte verse dragonblaadjes
- 1 ½ theelepel Dijon-mosterd
- Kosjer zout en versgemalen zwarte peper, naar smaak
- 1 kop gehalveerde kerstomaatjes
- 4 kopjes gescheurde botersla
- 3 kopjes rucolablaadjes
- 12 Kalamata-olijven
- 1 citroen, in partjes gesneden (optioneel)

ROUTEBESCHRIJVING

a) Doe de eieren in een grote pan en bedek ze met koud water tot 2,5 cm. Breng aan de kook en kook gedurende 1 minuut. Bedek de pot met een goed sluitend deksel en haal van het vuur; laat 8 tot 10 minuten zitten.

b) Blancheer ondertussen de sperziebonen in een grote pan met kokend gezouten water tot ze heldergroen van kleur zijn, ongeveer 2 minuten. Giet af en laat afkoelen in een kom met ijswater. Goed laten uitlekken. Giet de eieren af en laat afkoelen voordat u ze pelt en in de lengte doormidden snijdt.

c) Meng in een grote kom de tonijn, olijfolie, azijn, ui, peterselie, dragon en Dijon tot ze net gemengd zijn; Breng op smaak met zout en peper.

d) Verdeel het tonijnmengsel in 4 glazen potten met brede opening en deksel. Beleg met sperziebonen, eieren, tomaten, botersla, rucola en olijven. Maximaal 3 dagen in de koelkast bewaren.
e) Schud de inhoud van een pot om te serveren. Serveer onmiddellijk, indien gewenst met partjes citroen.

81. Pittige tonijnkommen

INGREDIËNTEN
- 1 kop langkorrelige bruine rijst
- 3 eetlepels olijfoliemayonaise
- 3 eetlepels Griekse yoghurt
- 1 eetlepel srirachasaus, of meer naar smaak
- 1 eetlepel limoensap
- 2 theelepels natriumarme sojasaus
- 2 (5-ounce) blikjes witte tonijn, uitgelekt en gespoeld
- Kosjer zout en versgemalen zwarte peper, naar smaak
- 2 kopjes geraspte boerenkool
- 1 eetlepel geroosterde sesamzaadjes
- 2 theelepels geroosterde sesamolie
- 1 ½ kopjes in blokjes gesneden Engelse komkommer
- ½ kopje ingelegde gember
- 3 groene uien, in dunne plakjes gesneden
- ½ kopje geraspte geroosterde nori

ROUTEBESCHRIJVING
a) Kook de rijst volgens de instructies op de verpakking in 2 kopjes water in een middelgrote pan; opzij zetten.

b) Meng in een kleine kom de mayonaise, yoghurt, sriracha, limoensap en sojasaus. Schep 2 eetlepels mayonaisemengsel in een tweede kom, dek af en zet in de koelkast. Roer de tonijn door het resterende mayonaisemengsel en roer voorzichtig door elkaar; Breng op smaak met zout en peper.

c) Meng in een middelgrote kom de boerenkool, sesamzaadjes en sesamolie; Breng op smaak met zout en peper.

d) Verdeel de rijst in maaltijdbereidingsbakjes. Top met tonijnmengsel, boerenkoolmengsel, komkommer, gember, groene uien en nori. Maximaal 3 dagen in de koelkast bewaren.

e) Besprenkel voor het serveren met het mayonaisemengsel.

82. Steak Cobb-salade

Balsamico vinaigrette
- 3 eetlepels extra vergine olijfolie
- 4 ½ theelepel balsamicoazijn
- 1 teentje knoflook, geperst
- 1 ½ theelepel gedroogde peterselievlokken
- ¼ theelepel gedroogde basilicum
- ¼ theelepel gedroogde oregano

Salade
- 4 middelgrote eieren
- 1 eetlepel ongezouten boter
- 12 ons biefstuk
- 2 theelepels olijfolie
- Kosjer zout en versgemalen zwarte peper, naar smaak
- 8 kopjes babyspinazie
- 2 kopjes kerstomaatjes, gehalveerd
- ½ kopje pecannotenhelften
- ½ kopje verkruimelde fetakaas met verlaagd vetgehalte

ROUTEBESCHRIJVING

a) VOOR DE BALSAMIC VINAIGRETTE: Klop de olijfolie, balsamicoazijn, suiker, knoflook, peterselie, basilicum, oregano en mosterd (indien gebruikt) samen in een middelgrote kom. Dek af en bewaar maximaal 3 dagen in de koelkast.

b) Doe de eieren in een grote pan en bedek ze met koud water tot 2,5 cm. Breng aan de kook en kook gedurende 1 minuut. Bedek de pot met een goed sluitend deksel en haal van het vuur; laat 8 tot 10 minuten zitten. Laat goed uitlekken en afkoelen alvorens te schillen en in plakjes te snijden.

c) Smelt de boter in een grote koekenpan op middelhoog vuur. Dep beide zijden van de biefstuk droog met keukenpapier. Besprenkel met de olijfolie en breng op smaak met peper en zout. Voeg de biefstuk toe aan de koekenpan en kook, één keer omdraaien, tot hij gaar is tot de gewenste gaarheid, 3 tot 4 minuten per kant voor medium-rare. Laat 10 minuten rusten voordat u het in hapklare stukken snijdt.

d) Om de salades samen te stellen, plaatst u de spinazie in maaltijdbereidingscontainers; top met gerangschikte rijen biefstuk, eieren, tomaten, pecannoten en feta. Dek af en bewaar maximaal 3 dagen in de koelkast. Serveer met de balsamicovinaigrette of gewenste dressing.

83. Voedende kommen voor zoete aardappel

INGREDIËNTEN
- 2 middelgrote zoete aardappelen, geschild en in stukjes van 1 inch gesneden
- 3 eetlepels extra vergine olijfolie, verdeeld
- ½ theelepel gerookte paprikapoeder
- Kosjer zout en versgemalen zwarte peper, naar smaak
- 1 kopje farro
- 1 bosje lacinato boerenkool, versnipperd
- 1 eetlepel vers geperst citroensap
- 1 kopje geraspte rode kool
- 1 kop gehalveerde kerstomaatjes
- ¾ kopje knapperige kekerbonen
- 2 avocado's, gehalveerd, ontpit en geschild

ROUTEBESCHRIJVING

a) Verwarm de oven voor op 400 graden F. Bekleed een bakplaat met bakpapier.

b) Leg de zoete aardappelen op de voorbereide bakplaat. Voeg 1 ½ eetlepel olijfolie en de paprika toe, breng op smaak met zout en peper en roer voorzichtig door elkaar. Schik het in een enkele laag en bak gedurende 20 tot 25 minuten, één keer draaien, tot het gemakkelijk doorboord kan worden met een vork.

c) Kook de farro volgens de instructies op de verpakking; opzij zetten.

d) Combineer de boerenkool, het citroensap en de resterende 1,5 eetlepel olijfolie in een middelgrote kom. Masseer de boerenkool tot alles goed gemengd is en breng op smaak met zout en peper.

e) Verdeel farro in maaltijdbereidingscontainers. Garneer met zoete aardappelen, kool, tomaten en knapperige garbanzos.

Maximaal 3 dagen in de koelkast bewaren. Serveer met de avocado.

84. Thaise kip-Boeddha-kommen

INGREDIËNTEN
Pittige pindasaus
- 3 eetlepels romige pindakaas
- 2 eetlepels vers geperst limoensap
- 1 eetlepel natriumarme sojasaus
- 2 theelepels donkerbruine suiker
- 2 theelepels sambal oelek (gemalen verse chilipasta)

Salade
- 1 kopje farro
- ¼ kopje kippenbouillon
- 1 ½ eetlepel sambal oelek (gemalen verse chilipasta)
- 1 eetlepel lichtbruine suiker
- 1 eetlepel vers geperst limoensap
- 1 pond kipfilets zonder bot, zonder vel, in stukjes van 1 inch gesneden
- 1 eetlepel maizena
- 1 eetlepel vissaus
- 1 eetlepel olijfolie
- 2 teentjes knoflook, fijngehakt
- 1 sjalot, fijngehakt
- 1 eetlepel vers geraspte gember
- Kosjer zout en versgemalen zwarte peper, naar smaak
- 2 kopjes geraspte boerenkool
- 1 ½ kopjes geraspte paarse kool
- 1 kopje taugé
- 2 wortels, geschild en geraspt
- ½ kopje verse korianderblaadjes
- ¼ kopje geroosterde pinda's

ROUTEBESCHRIJVING
a) VOOR DE PINDASAUS: Klop de pindakaas, het limoensap, de sojasaus, de bruine suiker, de sambal oelek en 2 tot 3

eetlepels water in een kleine kom. Dek af en bewaar maximaal 3 dagen in de koelkast.
b) Kook de farro volgens de instructies op de verpakking; opzij zetten.
c) Terwijl de farro kookt, klop je in een kleine kom de bouillon, sambal oelek, bruine suiker en limoensap door elkaar; opzij zetten.
d) Meng de kip, het maizena en de vissaus in een grote kom, roer alles door elkaar en laat de kip het maizena een paar minuten absorberen.
e) Verhit de olijfolie in een grote koekenpan op middelhoog vuur. Voeg de kip toe en kook tot hij goudbruin is, 3 tot 5 minuten. Voeg de knoflook, sjalot en gember toe en blijf koken, onder regelmatig roeren, tot het geurig is, ongeveer 2 minuten. Roer het bouillonmengsel erdoor en kook tot het iets dikker is, ongeveer 1 minuut. Breng op smaak met zout en peper.
f) Verdeel de farro in maaltijdbereidingscontainers. Werk af met kip, boerenkool, kool, taugé, wortels, koriander en pinda's. In de koelkast afgedekt 3 tot 4 dagen houdbaar. Serveer met de pittige pindasaus.

85. Thaise kip-pinda-wraps

INGREDIËNTEN
Kokoscurry-pindasaus
- ¼ kopje lichte kokosmelk
- 3 eetlepels romige pindakaas
- 1 ½ eetlepel gekruide rijstwijnazijn
- 1 eetlepel natriumarme sojasaus
- 2 theelepels donkerbruine suiker
- 1 theelepel chili-knoflooksaus
- ¼ theelepel gele kerriepoeder

Wrap
- 2 ½ kopjes overgebleven in blokjes gesneden rotisserie-kip
- 2 kopjes geraspte Chinese kool
- 1 kop dun gesneden rode paprika
- 2 wortels, geschild en in luciferstokjes gesneden
- 1 ½ eetlepel vers geperst limoensap
- 1 eetlepel olijfoliemayonaise
- Kosjer zout en versgemalen zwarte peper, naar smaak
- 3 ons roomkaas met verlaagd vetgehalte, op kamertemperatuur
- 1 theelepel vers geraspte gember
- 4 (20 cm) tortillawraps met zongedroogde tomaten

ROUTEBESCHRIJVING
a) VOOR DE KOKOSCURRY PINDASAUS: Klop de kokosmelk, pindakaas, rijstwijnazijn, sojasaus, bruine suiker, chili-knoflooksaus en kerriepoeder in een kleine kom. Houd 3 eetlepels apart voor de kip; bewaar de rest in de koelkast tot het klaar is om te serveren.

b) Meng de kip en de 3 eetlepels pindasaus in een grote kom en roer tot alles bedekt is.

c) Meng in een middelgrote kom de kool, paprika, wortels, limoensap en mayonaise; Breng op smaak met zout en peper.

d) Meng in een kleine kom de roomkaas en gember; Breng op smaak met zout en peper.
e) Verdeel het roomkaasmengsel gelijkmatig over de tortilla's en laat een rand van 2,5 cm vrij. Bestrijk met het kip- en koolmengsel. Vouw de zijkanten ongeveer 2,5 cm naar binnen en rol het vervolgens vanaf de onderkant strak op. In de koelkast afgedekt 3 tot 4 dagen houdbaar. Serveer elke wrap met kokoscurry-pindasaus.

86. Kalkoenspinazie vuurraderen

INGREDIËNTEN
- 1 plakje cheddarkaas
- 2 ons dun gesneden kalkoenfilet
- ½ kopje babyspinazie
- 1 spinazietortilla (8 inch).
- 6 babyworteltjes
- ¼ kopje druiven
- 5 plakjes komkommer

ROUTEBESCHRIJVING

a) Plaats de kaas, kalkoen en spinazie in het midden van de tortilla. Leg de onderkant van de tortilla strak over de spinazie en vouw de zijkanten naar binnen. Rol op tot de bovenkant van de tortilla is bereikt. Snijd in 6 molentjes.

b) Plaats de vuurraderen, wortels, druiven en plakjes komkommer in een maaltijdbereidingscontainer. In de koelkast afgedekt 2 tot 3 dagen houdbaar.

87. Taco-salade van Turkije

INGREDIËNTEN
- 1 eetlepel olijfolie
- 1 ½ pond gemalen kalkoen
- 1 pakje tacokruiden (1,25 ounce).
- 8 kopjes geraspte Romeinse sla
- ½ kopje pico de gallo (zelfgemaakt of in de winkel gekocht)
- ½ kopje Griekse yoghurt
- ½ kopje geraspte Mexicaanse kaasmix
- 1 limoen, in partjes gesneden

ROUTEBESCHRIJVING
a) Verhit de olijfolie in een grote koekenpan op middelhoog vuur. Voeg de gemalen kalkoen toe en kook tot hij bruin is, 3 tot 5 minuten, en zorg ervoor dat het vlees tijdens het koken verkruimelt; Roer de tacokruiden erdoor. Giet overtollig vet af.

b) Doe de Romeinse sla in boterhamzakjes. Plaats de pico de gallo, yoghurt en kaas in aparte Jell-O-shot-bekers van 2 ounce met deksel. Doe het allemaal – de kalkoen, romaine, pico de gallo, yoghurt, kaas en limoenpartjes – in maaltijdbereidingscontainers.

88. Zeer groene mason jar-salade

INGREDIËNTEN

- ¾ kopje parelgort
- 1 kopje verse basilicumblaadjes
- ¾ kopje 2% Griekse yoghurt
- 2 groene uien, gehakt
- 1 ½ eetlepel vers geperst limoensap
- 1 teentje knoflook, gepeld
- Kosjer zout en versgemalen zwarte peper, naar smaak
- ½ Engelse komkommer, grof gesneden
- 1 pond (4 kleine) courgettes, spiraalvormig
- 4 kopjes geraspte boerenkool
- 1 kopje bevroren groene erwten, ontdooid
- ½ kopje verkruimelde fetakaas met verlaagd vetgehalte
- ½ kopje erwtenscheuten
- 1 limoen, in partjes gesneden (optioneel)

ROUTEBESCHRIJVING

a) Kook de gerst volgens de instructies op de verpakking; laat volledig afkoelen en zet opzij.

b) Om de dressing te maken, combineer de basilicum, yoghurt, groene uien, limoensap en knoflook in de kom van een keukenmachine en breng op smaak met zout en peper. Pulseer tot een gladde massa, ongeveer 30 seconden tot 1 minuut.

c) Verdeel de dressing over 4 glazen potten met brede opening en deksel. Garneer met komkommer, courgettenoedels, gerst, boerenkool, erwten, feta en erwtenscheuten. Maximaal 3 dagen in de koelkast bewaren.

d) Schud de inhoud in een pot om te serveren. Serveer onmiddellijk, indien gewenst met partjes limoen.

89. Courgette loempia schaaltjes

INGREDIËNTEN
- 3 eetlepels romige pindakaas
- 2 eetlepels vers geperst limoensap
- 1 eetlepel natriumarme sojasaus
- 2 theelepels donkerbruine suiker
- 2 theelepels sambal oelek (gemalen verse chilipasta)
- 1 pond middelgrote garnalen, gepeld en ontdaan van de darmen
- 4 middelgrote courgettes, spiraalvormig
- 2 grote wortels, geschild en geraspt
- 2 kopjes geraspte paarse kool
- ⅓ kopje verse korianderblaadjes
- ⅓ kopje basilicumblaadjes
- ¼ kopje muntblaadjes
- ¼ kopje gehakte geroosterde pinda's

ROUTEBESCHRIJVING
a) VOOR DE PINDASAUS: Klop de pindakaas, het limoensap, de sojasaus, de bruine suiker, de sambal oelek en 2 tot 3 eetlepels water in een kleine kom. Zet het maximaal 3 dagen in de koelkast, tot het klaar is om te serveren.

b) Kook de garnalen in een grote pan met kokend gezouten water tot ze roze zijn, ongeveer 3 minuten. Giet af en laat afkoelen in een kom met ijswater. Goed laten uitlekken.

c) Verdeel de courgette in maaltijdbereidingsbakjes. Garneer met garnalen, wortels, kool, koriander, basilicum, munt en pinda's. In de koelkast afgedekt 3 tot 4 dagen houdbaar. Serveer met de pittige pindasaus.

SALADES

90. Chili-Limoen Groenten

PORTIES: 2
TOTALE VOORBEREIDINGSTIJD: 25 minuten

INGREDIËNTEN :
- 1 stuk gember
- 1 teentje knoflook
- 1 bosje Bok Choi, in plakjes gesneden
- Taugé
- 1 wortel, in luciferstokjes gesneden
- 1 theelepel groentebouillon
- 5 lente-uitjes
- 1 paprika, in blokjes gesneden
- 1/2 courgette, in blokjes gesneden
- 4 broccoliroosjes
- Handvol suikererwten
- Soba-noedels

Dressing:
- 1 rode chili
- Grote handvol koriander
- Sap van 1 limoen

AANWIJZINGEN:
a) Combineer de chili, korianderblaadjes en limoensap in een stamper en vijzel. Laat infusie aan de zijkant toe.
b) Snijd ook de broccoliroosjes in kleine stukjes. We willen de maaltijd dun gesneden maken, zodat deze snel gaar is.
c) Bereid de bouillon met 50 ml water en breng aan de kook in een koekenpan. Voeg na een minuut stomen de overige groenten en de knoflook en gember toe.
d) Na drie minuten stomen.

e) Serveer de kip op een bedje van sobanoedels.
f) Serveer met een chili-limoendressing erover.

91. Citroenpasta met broccoli en courgette

PORTIES: 2
TOTALE VOORBEREIDINGSTIJD: 10 minuten

INGREDIËNTEN :
- 1 broccolikop
- Handvol erwten
- 2 teentjes knoflook
- 2 porties speltpasta, gekookt
- 1 courgette
- 1 theelepel kokosolie
- 1 tomaat
- Snuf Himalayazout en zwarte peper naar smaak
- 1/2 rode ui
- Sap van 1 citroen
- 2 bosjes rucola
- Druppel olijfolie

AANWIJZINGEN:
a) Fruit de broccoli, erwten, knoflook, rode ui en courgette in kokosolie.
b) Meng de pasta erdoor samen met de gehakte tomaat en rucola en het citroensap.

92. Aubergine, Aardappel & Kikkererwt

PORTIES: 2
TOTALE VOORBEREIDINGSTIJD: 10 minuten

INGREDIËNTEN :
- 1 ui, geschild en fijn gesneden
- 1 theelepel koriander
- 1 aubergine
- 1 aardappel
- 2 eetlepels kokosolie
- 1/2 theelepel komijn
- 1 blik kikkererwten
- 1/4 theelepel kurkuma
- Verse koriander

SAUS:
- 1 ui, geschild en fijn gesneden
- 2 theelepels gember, geschild en geraspt
- 6 hele kruidnagels
- 450 gram pruimtomaatjes
- 1/4 theelepel kurkuma
- 2 eetlepels kokosolie
- 3 teentjes knoflook, geperst
- 1/2 theelepel gemalen koriander
- 1/2 theelepel gemalen komijn
- 1 1/2 theelepel zout
- 1 theelepel rode chilipoeder, naar smaak

AANWIJZINGEN:
a) Fruit de ui en komijnzaad gedurende 3 minuten.
b) Voeg de aardappel, aubergine, kikkererwten, gemalen koriander, komijn en kurkuma toe.

c) Kook de ui, knoflook, gember en kruidnagel gedurende zestig seconden en voeg dan de gehakte tomaten, kurkuma en andere kruiden toe.
d) Meng de sauzen met een staafmixer tot ze grof gemengd zijn. Voeg daarna de groenten, koriander, water, zout en peper naar smaak toe.
e) Werk af met wat verse koriander en serveer.

93. Boerenkoolsla en romige dressing

PORTIES: 2
TOTALE VOORBEREIDINGSTIJD: 15 minuten

INGREDIËNTEN :
- 1/3 kopje sesamzaadjes
- 1 paprika
- 1/3 kopje zonnebloempitten
- 1 rode ui
- 1 bosje boerenkool
- 4 kopjes rode kool, versnipperd
- 1 stuk gemberwortel
- Verse koriander
- 1 Serveer cashewdressing

AANWIJZINGEN:
a) Gooi alle ingrediënten samen.

94. Brussel, Wortel & Groenen

PORTIES: 2
TOTALE VOORBEREIDINGSTIJD: 15 minuten

INGREDIËNTEN :
- 1 broccoli
- 2 wortels, in dunne plakjes gesneden
- 6 spruitjes
- 2 teentjes knoflook
- 1 theelepel karwijzaad
- 1/2 citroen
- Schil 1 citroen. Olijfolie

AANWIJZINGEN:
a) Stoom alle groenten gedurende 5-8 minuten op laag vuur.
b) Fruit de knoflook met karwijzaad, citroenschil, 1/2 citroensap en olijfolie.
c) Voeg de wortel en spruitjes toe.

95. Broccoli Bloemkool Bak

PORTIES: 2
TOTALE VOORBEREIDINGSTIJD: 20 minuten

INGREDIËNTEN :
- 4 broccoliroosjes
- 4 bloemkoolroosjes
- 1 peper
- Handvol diverse spruiten
- 3 lente-uitjes
- 1 teentje knoflook, gehakte Liquid Aminos
- Wilde/bruine rijst

AANWIJZINGEN:
a) Kook de rijst in een groentebouillon die gistvrij is.
b) Fruit de knoflook en ui in een stoompan gedurende drie minuten.
c) Voeg de resterende ingrediënten toe en laat nog een paar minuten sudderen.

96. Pasta met asperges en courgette

PORTIES: 4
TOTALE VOORBEREIDINGSTIJD: 20 minuten

INGREDIËNTEN :
- 4 tomaten, in blokjes gesneden
- 1 courgette
- 1/2 rode ui, in blokjes gesneden
- 1 bos asperges, gestoomd
- 200 gram rucola
- 12 basilicumblaadjes
- 2 teentjes knoflook
- 4 porties speltpasta, gekookt
- Olijfolie

AANWIJZINGEN:
a) Combineer ui en tomaten met een handvol rucola en asperges en zet ze opzij.
b) Meng de overige ingrediënten tot er een gladde, lichtgroene saus ontstaat.
c) Meng de pasta met de saus, verdeel deze in kommen en garneer met de tomaat, rode ui, asperges en rucola.

97. Met groenten gevulde tomaten

PORTIES: 2
TOTALE VOORBEREIDINGSTIJD: 30 minuten

INGREDIËNTEN :
- 1 eetlepel koudgeperste olie
- 2 tomaten
- Een halve kleine aubergine
- 1 ui
- 1/3 courgette
- 1-2 teentjes knoflook
- Snufje zeezout en peper
- 1 bosje verse spinazieblaadjes

AANWIJZINGEN:
a) Verwarm de oven voor op 160 graden Celsius (325 graden Fahrenheit).
b) Meng de groenten met spinazie, zout en peper en besprenkel met de olie.
c) Leg daarna de tomaten erop en schep het midden eruit. Combineer het middenstuk met de rest van het mengsel en roer goed.
d) Nu moet je alles voorzichtig terug in de tomaten plaatsen.
e) Doe de tomaten in een grote pan met ongeveer 80 ml water en dek deze af met een deksel zodra je zeker weet dat er niets anders in past.
f) Bak gedurende 18 minuten.

98. Aubergine Ratatouille

PORTIES: 4
TOTALE VOORBEREIDINGSTIJD: 30 minuten

INGREDIËNTEN :
- 2 bosjes babyspinazie
- 3 aubergines, in plakjes gesneden
- 6 ontpitte zwarte olijven
- 3 courgettes, in plakjes
- 2 rode paprika's
- 5 tomaten, in blokjes gesneden
- 3 theelepels tijmblaadjes
- 2 teentjes knoflook
- Basilicum bladeren
- Korianderzaad
- Druppel er extra vergine olijfolie over
- Snuf Himalayazout en zwarte peper

AANWIJZINGEN:
a) Verwijder het vel en snijd de courgettes en aubergines in gelijke stukken.
b) Verhit een beetje olijfolie of kokosolie in een koekenpan en fruit één knoflookbol langzaam.
c) Doe de aubergine in een zeef en druk hem aan met keukenpapier om overtollige olie te verwijderen nadat je hem in één keer hebt gekookt.
d) Verhit meer olie en voeg de courgette en de andere knoflook toe.
e) Doe de overige ingrediënten in een grote pan en verwarm gedurende 3 minuten.

99. Champignons & Spinazie

PORTIES: 2
TOTALE BEREIDINGSTIJD: 15 minuten
TOTALE KOOKTIJD: 15 minuten

INGREDIËNTEN:
- 1 theelepel kokosolie
- 5-6 champignons, in plakjes gesneden
- 2 eetlepels olijfolie
- ½ rode ui, in plakjes gesneden
- 1 teentje knoflook, fijngehakt
- ½ theelepel verse citroenschil, fijn geraspt
- ¼ kopje kerstomaatjes, in plakjes gesneden
- Snufje gemalen nootmuskaat
- 3 kopjes verse spinazie, versnipperd
- ½ Eetlepels vers citroensap
- Snufje zout
- Snuf gemalen zwarte peper

AANWIJZINGEN:
a) Verhit de kokosolie en bak de champignons ongeveer 4 minuten.
b) Verhit de olijfolie en bak de ui ongeveer 3 minuten.
c) Voeg de knoflook, citroenschil en tomaten, zout en zwarte peper toe en kook ongeveer 2-3 minuten, waarbij je de tomaten lichtjes verplettert met een spatel.
d) Kook ongeveer 2-3 minuten na het toevoegen van de spinazie.
e) Roer de champignons en het citroensap erdoor en haal van het vuur.

100. Zwarte peper Citrusachtige spinazie

PORTIES: 4
TOTALE BEREIDINGSTIJD: 10 minuten
TOTALE KOOKTIJD: 7 minuten

INGREDIËNTEN:
- 2 eetlepels olijfolie (extra vierge)
- 2 teentjes knoflook, geperst
- Sap van 1 sinaasappel
- schil van 1 sinaasappel
- 3 kopjes verse babyspinazie
- 1 theelepel zeezout
- $\frac{1}{8}$ theelepel zwarte peper, vers gemalen

AANWIJZINGEN:
a) Verhit de olijfolie in een koekenpan op hoog vuur tot het begint te sudderen.
b) Kook, onder regelmatig roeren, gedurende 3 minuten na het toevoegen van de spinazie en knoflook.
c) Voeg sinaasappelsap, sinaasappelschil, zout en peper toe.
d) Kook, onder voortdurend roeren, tot de sappen zijn verdampt, ongeveer 4 minuten.

CONCLUSIE

Er zijn zoveel heerlijke regionale gerechten in Korea en Amerika, elk een eerbetoon aan de overvloed van het omringende land en de zee. Van pittige noedels en stoofschotels met ribben tot hartig buikspek en veel banchan, je vindt borden en kommen gevuld met rijst, groenten, zeevruchten en alles wat gefermenteerd is. Als je nieuw bent in de Koreaans-Amerikaanse keuken en op zoek bent naar een plek om te beginnen, raden we je deze recepten aan. Sommige zijn authentiek en andere zijn geïnspireerd, maar ze hebben allemaal één ding gemeen: de wijdverbreide overtuiging dat als je goed eet, het ook goed met je gaat.